本书由杭州师范大学人文社科优秀成果出版资助，是杭州市社科规划人才培育计划专项课题“智慧教室的设计与评价研究”（课题编号：2016RCZX36）、浙江省哲学社会科学规划项目“智慧教室的设计与评价研究”（课题编号：17NDJC075YB）、国家自然科学基金青年项目“混合同步网络课堂助力教育均衡发展”（项目批准号：71603067）的成果之一。

面向数字一代学习者的智慧教室设计与评价

杨俊锋　著

中国社会科学出版社

图书在版编目（CIP）数据

面向数字一代学习者的智慧教室设计与评价／杨俊锋著．—北京：中国社会科学出版社，2017.10

ISBN 978－7－5203－0823－6

Ⅰ.①面… Ⅱ.①杨… Ⅲ.①教育工作—信息化—研究 Ⅳ.①G43

中国版本图书馆CIP数据核字（2017）第194253号

出 版 人 赵剑英
责任编辑 王 琪
责任校对 胡新芳
责任印制 王 超

出 版 中国社会科学出版社
社 址 北京鼓楼西大街甲158号
邮 编 100720
网 址 http://www.csspw.cn
发 行 部 010－84083685
门 市 部 010－84029450
经 销 新华书店及其他书店

印 刷 北京君升印刷有限公司
装 订 廊坊市广阳区广增装订厂
版 次 2017年10月第1版
印 次 2017年10月第1次印刷

开 本 710×1000 1/16
印 张 13.5
插 页 2
字 数 181千字
定 价 58.00元

序

随着技术与教育的日益融合，学习空间的建设逐渐成了一个热门的研究议题和实践领域。所谓学习空间就是指整个学校的学习环境，既包括物理的环境也包括虚拟的环境，既包括正式的环境也包括非正式的环境。学习空间是学生日常学习的场所，是学习活动和教学活动赖以发生的条件。研究表明，良好有序的学习空间能够促进教学改革和学习效率的提升，有利于培养学生的新技能。

教室是正式学习空间的最重要组成部分，是课内学习的主要场所。目前多数教室仍采用“秧苗式”的座位布局，一定程度上阻碍了教师采用灵活多样的教学方式；固定在讲台上的多媒体控制台，限制了教师的活动范围，很大程度上阻碍了教师的教学灵活性和与学生的交互；学生反映“计算机+投影”的教学不仅没有促进学习，反而增加了认知负荷，加重了课堂学习负担。

有专家指出，由于当今的学习者是在网络和技术环境中成长起来的一代，他们的生活方式、思维方式和喜欢的学习方式已经和上一代有很大不同，他们喜欢使用技术进行学习，喜欢在与人合作的过程中学习，重视在体验的过程中学习，偏好结构化和连接式的学习。反观当前课堂的教学模式和学习方式，虽然新课程改革一直倡导以自主、探究和合作为特征的新型学习方式，但是学生实际的课堂学习方式仍以被动接受为主。鉴于此，本书首先分析了新一代学习者的特征，以理解学习者偏好的学习方式，并根据其学习偏好，结合技术和教学法的最新发展，提出技术促进学习的课堂环境评测指标，在此基础上提出课堂环境优化的方案并开展实验研究。通过文献分析法、调查法、访谈法和课堂观察法，对以下三个方面进行了深入研究。

第一，在文献研究的基础上，厘清国外关于新一代学习者的研究脉络，分析新一代学习者偏好的学习方式；并通过大规模调查和焦点小组访谈的方式，系统分析当代学习者偏好的学习方式与当前课堂提供的学习方式之间的差异，指出新型学习方式在学习材料、内容序列、教学法、师生角色、评价方式和学习结果等方面的特征。

第二，根据新一代学习者偏好的学习方式，综合考察课堂物理环境和课堂社会心理环境的组成要素，并根据大规模的调查结果和专家指导，甄别技术促进学习的课堂环境评测要素，形成技术促进学习的课堂环境评测指标。根据指标编制量表，并对 SDFZ 学校的课堂环境开展调查，在验证量表信度和效度的同时，根据问卷调查的结果，有针对性地提出课堂环境优化的方案。本书还提出了设计学生课堂学习体验的几条原则，以及三种典型的技术促进学习的课堂环境（Technology Enhanced Learning Classroom，TELC）。

第三，选择 HPL 学校作为实验学校，根据支持协作学习的"强交互"型 TELC 课堂的相关指标，为课堂物理环境配置无线网络、数字设备和双屏投影等技术设备，为任课教师提供教学法和技术融合的指导。使用技术促进学习的课堂环境评测量表对 TELC 课堂、传统课堂进行评测，分析学生对课堂物理环境的感知和课堂社会心理环境感知的差异；同时基于对课堂视频的观察，利用课堂行为编码工具，对 TELC 课堂、传统课堂的教学行为和学习行为进行比较。综合两种研究方法，得出课堂环境的配置对提升学习体验和改变课堂学习行为的作用，指出课堂物理环境和社会心理环境提升的途径。

著者，于杭州

2017 年 7 月 28 日

目　录

图目录

表目录

第一章

绪　论

第一节　研究背景

2012年3月，我国教育部发布了《教育信息化十年发展规划（2011—2020年）》,[①] 指出我国教育信息化已经取得显著进展，信息化基础设施体系初步形成，数字教育资源不断丰富，信息化教学的应用不断拓展和深入；提出了要力争通过十年的时间，使我国教育信息化从初步应用整合阶段进入全面融入创新阶段。

2012年2月，美国教育部委托SRI国际教育技术中心发布了《International Experiences with Technology in Education》的研究报告,[②] 调查了澳大利亚、奥地利、比利时、加拿大、智利、丹麦、英国、爱沙尼亚、芬兰、法国、中国香港地区、冰岛、以色列、日本、荷兰、新西兰、挪威、葡萄牙、新加坡、韩国和瑞典共21个国家及地区的教育信息化发展状况。研究发现，大部分参与国家都

---

① 教育部:《教育信息化十年发展规划（2011—2020年）》，2012年03月13日（http://www.moe.gov.cn/publicfiles/business/htmlfiles/moe/s3342/201203/133322.html）。

② U.S. Department of Education, "International Experiences with Technology in Education", July 12, 2012 (http://www.unesco.org/new/en/unesco/themes/icts/single-view/news/international_experiences_with_technology_in_education/#.UkGKMSrEeeA).

提出国家级（National-level）的方案，计划将技术融入中小学教育。

综合我国和世界各国制订的教育信息化发展计划，我们发现在新的历史阶段，教育信息化的发展将逐步从宏观建设走向微观建设，从规模建设走向内涵发展。[①]

我国教育信息化始于计算机学科教学，20 世纪 80 年代后期的计算机辅助教学开始起步，以基础设施为中心的教育信息化建设在 90 年代后期蓬勃发展，2005 年以后教育信息化建设呈现出以应用能力为中心的特征。[②] 截至 2008 年，我国中小学校平均有计算机 37.2 台，师机比为 3∶1，生机比为 19∶1，联网率达 54.3%。截至 2008 年，67% 的中小学设置了信息技术课，每年有 1 亿多中小学生在接受信息技术的教育，约 69% 的在校中小学生学习信息技术课；信息技术课专任教师占专任教师总数的 4.5%，一所学校平均有 1.5 名信息技术课教师。[③]

我们已经开展的基础设施建设、资源建设和能力建设为信息技术与教育的全面融合创新奠定了良好的基础；然而要实现现代信息技术与教育的全面深度融合，微观的建设应该受到更多的关注，其中课堂环境的建设以及课堂信息化教学的研究是微观建设的其中一个方面。王春华等指出教育信息化的落脚点和突破口应该是课堂，课堂教学信息化应该成为衡量教育信息化成败的重要指标。[④]

2010 年 10 月，英国学习技术联合会 ALT（Association for Learning Technology）向英国政府部门提交了关于技术促进学习的报告，

---

① 黄荣怀、杨俊锋、胡永斌：《从数字学习环境到智慧学习环境——学习环境的变革与趋势》，《开放教育研究》2012 年第 1 期。

② 黄荣怀：《基础教育信息化的核心价值：创新与变革》，《中国教育信息化》2008 年第 20 期。

③ 祝智庭：《中国教育信息化十年》，《中国电化教育》2011 年第 1 期。

④ 王春华：《以交互式电子白板技术实现课堂教学信息化》，《山东师范大学学报》（自然科学版）2006 年第 1 期。

试图解答政府部门关于数字化学习的疑问。[①] 报告指出“尽管有关技术有效性的研究依然是数字化学习研究的重要方向，但在很多发达国家和地区有一个明显的研究趋势，即构建一个能够支持多种教学法和灵活学习方式的技术丰富的学习环境，并在这种环境中研究特定的学习方法或教学方法的有效性”。报告用很大的篇幅描述了学习空间（Learning Space）的相关研究和实践，并指出学习空间将是未来数字化学习的一个研究重点，教室空间是学习空间的重要组成部分。

课堂是学生在学校开展正式学习的主要场所。一个人从小学、初中、高中到大学毕业，绝大部分的学习时间是在课堂上度过的。Jackson（1968）在其经典著作《课堂生活》中指出，学生从入学到小学毕业大约有七千个小时在课堂中生活，Rutter 等（1979）的《一万五千小时》指出这或许更多。[②] 据不完全统计，一个人正式学习的时间有 80% 是在学校度过的，而在学校学习中有 80% 的时间是在课堂学习中度过的。学生的知识、能力、态度和价值观，或者说学生的综合素质与课堂教学有很大关系。因此课堂和课堂教学一直是教育学研究的一个重要内容，并逐渐成为教育学研究的一个重要对象；[③] 课堂的要素包括教师、学生、知识和环境，我们可以这么描述一个课堂中发生的行为，即教师在课堂环境中引导学生完成由教师设计的学习任务；课堂环境能为教师和学生提供需要的资源，让学生在一个舒适的环境中获得愉快的学习体验，学到有用的知识。课堂是教师的教学活动和学生的学习活动发生的主要场所，

① Association for Learning Technology, “Technology in Learning: A Response to some Questions from the Department of Business Innovation and Skills”, May 25, 2012 (http: //repository. alt. ac. uk/839/2/ALT_ TEL_ evidence_ document_ for_ BIS_ low-res. pdf).

② 丁锐、黄毅英、林智中等：《小学数学课堂环境与学习成果的关系》，《教育研究与实验》2009 年第 1 期。

③ 王鉴：《课堂研究引论》，《教育研究》2003 年第 6 期。

因此课堂环境的研究已经成为一个重要的研究内容，尤其是技术支持的课堂环境（Technology-rich Classroom）或智慧教室环境（Smart Classroom），将成为教育技术研究的一个重要方面。

第二节　问题提出

自20世纪30年代开始，课堂环境的研究开始起步，并逐渐成为教育学和心理学领域的一个重要研究内容。研究者主要关注课堂环境的观察工具、课堂环境的测量方法、课堂环境和学生学习成就之间的关系等与课堂教学实践密切相关的主题。随着时代的发展，今天的课堂环境融入了很多技术的元素。我国经过近20年教育信息化的发展，如今多数的教室环境都已经配备了计算机和投影仪等多媒体设备，教师的上课方式也从原来的“粉笔+黑板”转变成了“计算机+投影”。然而通过文献分析和实验学校的实际调查，笔者发现当下“计算机+投影”模式的课堂环境存在种种问题，难以适应数字一代学习者的学习需求。

一　课堂环境面临的困境

教室的座位布局是课堂物理环境的重要方面，对教师的教学方式和学生的学习方式有直接的影响。众多研究表明教室的座位布局影响学生的课堂学习行为和活动参与方式。① 国外的有关研究表明，教室的座位布局对于教师所采取的课堂教学方式具有暗示作用，秧苗式的座位布局提醒教师采用传递接受的教学模式，U形和O形的座位布局会促进教师采用协作和探究的教学模式。吴康宁等指出我

---

① 谢丽娟：《高中课堂教学环境建设的现状、问题及对策研究》，硕士学位论文，西北师范大学，2010年。

国教室内大多采用“秧苗式”的座位布局，[①] 虽然这种座位布局方便了教师的课堂讲授，但“秧苗式”座位布局具有明显的隐含意义，即教师是课堂的权威，学生需要听从教师，这无形中强化了被动接受式的学习倾向。

技术引入教室之后，多媒体控制台是教师控制电脑和操作课件的主阵地。然而固定在讲台上的多媒体控制台限制了教师的教学活动，多数教师为了操作电脑，忽视了与学生的眼神互动、肢体互动和情感交互。杨满福等指出教师为了操作课件，经常坐在控制台前对着电脑屏幕，很少走动，和学生互动的机会很少。[②] 教师往往为了操作多媒体课件不得不使用固定在电脑上的鼠标，柳梅挺指出这样就把教师禁锢在了多媒体控制台上，埋头操作计算机演示课件，根本无暇顾及和观察学生的反应，也不了解学生对知识的接受程度。[③] 某种意义上说，固定在讲台上的多媒体控制台限制了教师的课堂自由，阻碍了教师与学生的交互。

目前多数教师的课堂讲授方式采用“计算机 + 投影”的模式，即教师使用计算机和投影来呈现教学内容。虽然这种方式可以实现教学内容的多媒体化、增加课堂教学容量、提高课堂教学效率，但是在教学实践中这种方式也存在许多问题。杨满福等指出近年来，学生经常抱怨多媒体教学的效果，意见比较尖锐。主要包括以下三个方面：（1）课件制作质量很差，多媒体课件多是课本文字的堆砌，教师授课时也基本是照本宣科，上课由“人灌”变成了“电灌”。（2）许多同学表示多媒体教学没有表现出明显的优势，反而增大了师生疏离感，教师和学生的交互明显少了，有同学甚至明确表示更喜欢“粉笔 + 黑板”的传统教学方式。（3）多媒体教学呈

---

① 吴康宁：《教育社会学》，人民教育出版社 1998 年版，第 345—348 页。

② 杨满福、林雯：《论高校多媒体课堂教学的质量困境与出路》，《电化教育研究》2009 年第 10 期。

③ 柳梅挺：《多媒体教学中存在的问题与对策》，《当代经济》2009 年第 17 期。

现的信息量远大于传统教学，教师在使用课件呈现教学内容时，往往容易忽视学生的信息加工的过程，很多同学认为教学节奏过快，跟不上思路，做不了笔记。[①] 多媒体教学面临的困境在某种程度上也与课堂环境，尤其是技术支持的课堂物理环境存在很大关系。陈长胜等（2011）指出在技术支持的课堂教学和学习活动中，大多数教师只是利用投影代替板书，将原本写在黑板上的内容以课件的形式"复制"到大屏幕上，内容以静态文字居多，且总是满屏堆积文字，显示屏幕替代了黑板的内容呈现作用，但学习效果不升反降；因为学习者往往没有充足的时间对屏幕呈现的知识进行联系和对比，知识之间的关系和结构难以形成，认知活动因此受到阻碍。[②]

正如黄荣怀指出，教学改革仅停留在教学"表演"形式上，课堂教学也是由"人灌"变成了"电灌"。[③] 从某种程度上来说，当前的课堂环境依然偏重于支持低层次认知目标的培养，不利于高层次认知目标的培养。当前课堂环境的困境一方面与教室的物理配置和技术装备有关，另一方面因为课堂环境难以满足数字一代学习者偏好的学习方式的需求。

二　当前课堂学习方式的挑战

孔企平博士指出"在一定程度上，学生学习方式存在着单一、被动的问题，学生缺少自主探索、合作学习、独立获取知识的机会"[④]。2001 年 6 月教育部印发的《基础教育课程改革纲要（试行）》，强调自主、探究与合作的学习方式，一时间有关自主、探究

---

① 杨满福、林雯：《论高校多媒体课堂教学的质量困境与出路》，《电化教育研究》2009 年第 10 期。

② 陈长胜、刘三妤、汪虹等：《基于双重编码理论的双轨教学模式》，《中国教育信息化》2011 年第 3 期。

③ 黄荣怀：《教育信息化助力当前教育变革：机遇与挑战》，《中国电化教育》2011 年第 1 期。

④ 孔企平：《论学习方式的转变》，《全球教育展望》2001 年第 8 期。

和合作等学习方式的研究如雨后春笋般涌现，然而蔡万玲指出，教师的教学观念正在更新，学习方式转变的意义正在被教师所接受，但学生的学习仍然处于被动接受和记忆的境地，原有的被动、陈旧、单一的学习方式仍然没有得到根本性改变。[①] 为此本书首先对北京市中小学的学习方式现状进行了大规模调查，调查结果显示北京市中小学教师的教学方式依然比较传统，没有发生实质性或革命性的改变。学生的学习方式有一定的转变，但是自主、探究和合作学习在课堂学习中所占的比例仍然较小，详见第三章第二节的调查结论。

"数字土著"（digital native）是 Marc Prensky 于 2001 年提出的概念，他指出"数字土著"是在网络和数字环境中成长起来的一代；由于他们成长于技术包围的环境，所以他们的思维方式与上一代"数字移民"（Digital Immigrant）有很大不同，尤其是学习方式发生了很大的变化。[②] 一石激起千层浪，自"数字土著"和"数字移民"的概念提出之后，国际上很多专家和学者开始关注和研究新时代学习者的学习方式。"千禧一代""网络一代""数字土著"和"Y 一代"等术语虽由不同的专家提出，但它们都共同指代在技术包围环境中成长起来的数字一代学习者。国际上对数字一代学习者的提法仍存在争论，以英国开放大学的 Jones 为代表的研究者认为没有证据表明当代学习者的群体特征与上一代学习者有显著差异。但两个阵营的研究者都承认，学生对技术的态度和学习方式会因接触和使用技术的程度的变化而不同。

Junco 指出数字一代学习者通常是在直接参与或体验的时候更

① 蔡万玲：《新课改下高中化学课程学习方式现状的调查与思考》，《伊犁师范学院学报》（自然科学版）2010 年第 2 期。

② M. Prensky, "Digital Natives, Digital Immigrants", *On the Horizon*, Vol. 9, No. 5, 2001, pp. 1 – 6.

容易获得知识,① 他们能在直接参与学习活动、发现问题和解决问题的过程中获得愉快的学习体验，学得知识；他们有能力组织、策划和修正自己的学习。② Jone 指出“千禧一代”“网络一代”“数字土著”和“Y 一代”的共同特征是喜欢合作,③ 即强交互，他们喜欢团队合作，喜欢社会交流。

当今的学习者希望能在课堂上接受和他们现实生活紧密相关的知识，能够在真实的任务中学习学科知识。学习是大脑内建立起来的直觉和行为联结的过程，通过在课堂上真实的任务把现实生活中的行为和学生大脑中的图示建立关联，是当今学习者所急需的。一句话总结，他们更喜欢联结式的学习，更喜欢结构化的学习。

总之，由于技术的影响，当前的学习者在学习过程中体现出了新的特征，他们喜欢交互、重视体验、爱好联结式的学习，合作、探究和主动的学习方式是他们的一致追求，然而当前课堂上单一、被动的接受学习方式很难满足新型学习者的学习诉求。从课堂环境的角度，设计支持自主、探究和合作的课堂环境，促进自主、探究和合作学习活动的开展，是促进学生有效、高效和投入学习的一个切入点。

三 技术的发展和工具的进步

技术的发展和工具的进步也为新型课堂环境的构建提供了有

---

① R. Junco & J. Mastrodicasa, “Connecting to the Net, Generation: What Higher Education Professionals Need to Know about today’s Students”, NASPA Inc. National Association of Student Personnel Administrators, 2007.

② V. Rubtsov & A. Margolis, “Activity-Oriented Models of Information-Based Instructional Environments (S. T. KerTrans)”, In S. T. Kerr (Ed.), *Technology and the Future of Schooling*, Vol. 95, Part II, 1996, pp. 172 – 199. NSSE (National Society for the Study of Education).

③ C. Jones & R. Ramanau, “Collaboration and the Net Generation: The Changing Characteristics of First Year University Students”, In O’ Malley, C., D. Suthers, Reiman, P. & Dimitracopoulou, A. (eds.), *Proceedings of the 9th International Conference on Computer Supported Collaborative Learning: CSCL2009: CSCL Practices*, University of the Aegean: Rhodes Greece, 2009, pp. 237 – 241.

力支撑。首先，无线网络技术为学生轻松接入和分享高质量的数字学习资源提供了方便，也使“混合同步网络课堂”成为可能，使学生在教室内就可以和异国/地的学生同上一节课，好像在一个班级的同学一样，实现网络面对面的交互。其次，个人移动终端和富媒体技术将丰富学习者的课堂学习体验。个人移动终端（如 iPad 等）已经成为数字一代学习者学习的重要载体，正在深刻地影响和改变着学生的生活方式、学习方式、阅读方式。富媒体技术融合了文本、图像、动画、音频、视频等多种媒体，强调用户和媒体的交互性，增加用户的参与度和体验感，富媒体技术的发展能为学习者创造更好的学习体验，比如电子教材的富媒体呈现方式能刺激学生的投入学习。再次，传感器技术为自动感知环境的物理要素提供了可能，传感器可从传感元件中定期地获取信息，并基于一定规则的处理和分析，计算出有意义的数据，供用户调用。最后，学习分析技术通过对学习情境以及学习者的数据进行测量、收集、分析和报告，为教师的决策提供参考，为学生的学习提供帮助。

鉴于当前课堂环境的困境、学习方式的挑战以及技术发展和工具的进步为课堂环境创造的新的可能，本书将以“面向数字一代学习者的课堂环境研究”为核心问题，以中小学课堂教学和学习实践为切入点，探索技术丰富的课堂环境评测和优化方案。具体的研究分为 3 个子问题：

问题 1：数字一代学习者偏好的学习方式是什么？

问题 2：如何面向数字一代学习者评测技术促进学习的课堂环境？

问题 3：技术丰富的课堂环境对学习者有哪些影响？

第三节 研究目标与意义

一 研究目标

如何满足数字一代学习者的学习需求，构建技术丰富的课堂环境，实现技术与教学法在课堂内的融合，提升数字一代学习者的课堂学习体验和促进有效学习的发生，是本书的核心问题，因此本书的目标是根据数字一代学习者偏好的学习方式提出技术丰富的课堂环境评测方法和优化方案。

本书依托“智慧教室的设计与评价”“混合同步网络课堂促进教育均衡发展”“变革当今课堂，构建智慧环境（International Project for Transformation of Today's Classrooms Towards Smart Learning Environments）国际合作研究项目”“学生网络生活方式的现状调查与对策研究”等项目，深入中小学课堂一线，采用定量和定性的研究方法，分析数字一代学习者的学习特征，探讨数字一代学习者偏好的学习方式与课堂提供学习方式的差异，并在此基础上分析课堂物理环境和社会心理环境的核心指标，提出技术促进学习的课堂环境评测框架。编制课堂环境评测量表，在 SDFZ 学校开展调查研究，验证量表的信度和效度，并根据评测数据提出课堂环境优化的方案。选择 HPL 学校开展实验研究，搭建课堂物理环境和进行技术配置，同时由一名辅导教师（Site Facilatitor）对教师进行教学法和技术融合的指导，通过技术丰富课堂 TELC 和传统课堂 TC 的对比实验，分析技术丰富的课堂环境对学生的环境感知和学习行为改变的作用。

二 研究意义

在数字技术环境中成长起来的数字一代学习者，具有新的学习特征和学习偏好，传统的课堂环境难以满足新型学习者的学习需求，然而研究表明课堂心理环境对学生的发展和学业成绩的提升有很强的正相关作用。学生在学校的大部分时间是在课堂上度过的，基于数字一代学习者特征和技术的发展重新考量当前的课堂环境显得异常迫切。因此本书的意义主要体现在以下几个方面：

第一，梳理国内外关于数字一代学习者的相关文献，并通过大规模调查的方式，分析当前学习者的主要特征和学习方式偏好，对国际上关于数字一代学习者的争论有重要贡献；通过深入的焦点小组访谈的方式，比较学生偏好的学习方式和当前课堂提供的学习方式的差异，对当前课堂教学改革有重要指导意义。

第二，面向数字一代学习者，提出技术促进学习的课堂环境评测指标，对当前课堂环境的建设、优化、发展具有重要的指导作用。尤其是从数字一代学习者偏好的学习方式入手，对课堂环境改造的思路和方法，将对破解当前课堂学习方式改革的困境，有效推动以自主、探究和合作为特征的新型学习方式，提供一个新的突破口。

第三，把物理环境和社会心理环境同时作为课堂环境的研究对象，采用问卷的方法和课堂观察的方法开展研究，拓展了课堂环境研究的范畴，丰富了课堂环境的研究方法，从教育技术的视角对课堂环境研究有重要贡献。

第四节 研究过程

本书主要探索支持数字一代学习者的课堂环境设计与评测，分为层层递进的三个过程，其一是数字一代学习者偏好的学习方式，其二是技术促进学习的课堂环境评测，其三是比较技术丰富的课堂和传统课堂学习者感受和学习行为的差异，整个研究过程如图 1—1 所示。

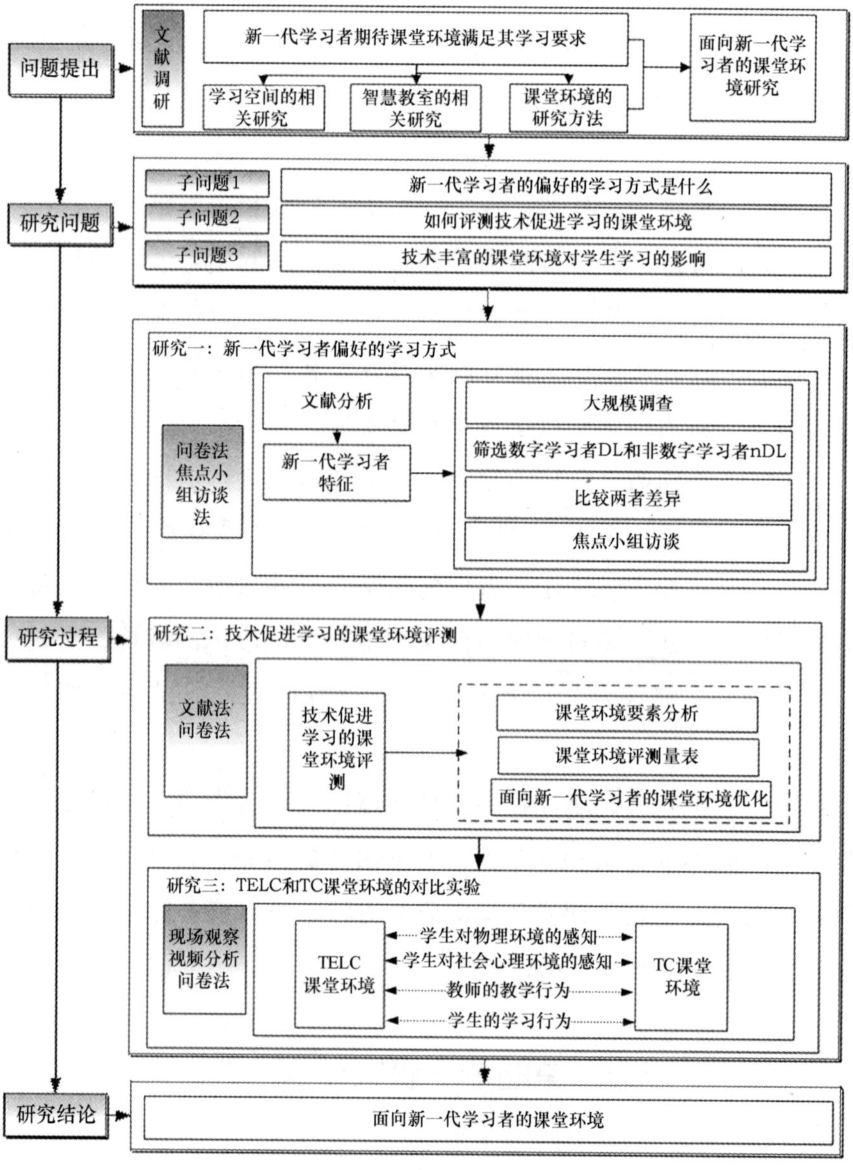

图 1—1　研究过程示意图

第五节　研究方法

研究方法的正确是保证研究结果可靠和可信的重要基础，尤其是面对复杂和创新问题的时候，研究方法的选择和创新就显得更为重要。本书主要针对课堂环境这个复杂的研究对象，单一的研究方法难以揭示技术促进学习的课堂环境的要素及其关系。因此本书采用质性和量化相结合的路线，综合使用多种研究方法。

（1）文献分析法

文献分析法主要指搜集、鉴别、整理文献，并通过对文献的研究，形成对事实科学认识的方法，它通过对与工作相关的现有文献进行系统性的分析来获取工作信息。本书通过搜集关于数字一代学习者、课堂环境和技术支持的课堂环境等方面的研究，梳理目前研究的主要内容、研究方法、主要的研究成果等为本书提供理论支撑。

（2）问卷调查法

问卷调查法是用书面形式间接搜集研究材料的一种调查手段。通过向调查者发出简明扼要的征询表，请示填写对有关问题的意见和建议来间接获得材料和信息的一种方法。问卷调查的实施需要考虑两个因素：问卷的回收率和问卷的有效率。对于回收的问卷必须认真审查，剔除无效问卷，以保证问卷调查结论的科学性。本书采用李克特（Likert）量表的形式编制技术促进学习的课堂环境评测量表，对问卷的信度和效度进行了验证，在此基础上评测技术丰富的课堂环境，提出优化方案。

（3）课堂观察法

课堂观察是研究者带着明确的目的，凭借自身感官及有关辅助工具（观察表、录音录像设备），直接（或间接）从课堂上收集资料，并依据资料做相应研究。我们根据研究需要，编制了课堂行为编码工具；在观察课堂视频时，利用编码工具，对课堂的教师教学行为和学生学习行为进行编码。

（4）访谈法

访谈法是常用的社会科学研究方法，可以对人的行为及其心理因素进行调查，因此，访谈法是访谈者通过对访谈对象进行调查，有目的有计划地搜集研究对象的材料从而形成科学认识的一种研究方法。我们在研究中首先制定了访谈目的，拟订了访谈计划，并在开展预访谈之后，实施了正式访谈，然后把访谈记录转录为文本，分析了访谈结果，最后得出了访谈结论。

第六节　核心概念界定

一　课堂环境

课堂环境（Classroom Environment），也经常被称为课堂心理环境（Classroom Psychology Environment）、课堂学习环境（Classroom Learning Environment）、课堂气氛（Classroom Climate），在英文文献中，这几个词所表达的含义是相同的。课堂环境是一个内涵复杂而丰富的概念，西方学界至今对课堂环境的定义尚未形成统一的意见，对其内涵和结构的认识各具特色，研究内容和方法也各有侧重。纵观与课堂环境相关文献，发现西方学者并不强调课堂环境概念和内涵的研究，反而主要侧重于对它的结构分析和测量。

弗雷泽（Fraser）将“课堂环境”定义为学生或者教师对班级或课堂的知觉或感受，[①] 屈智勇、田友谊引用弗雷泽关于课堂环境的界定，指出课堂环境又叫班级环境、课堂气氛、班级气氛，是指

① B. J. Fraser, *Classroom Environment*, London: Croom Helm, 1986.

学生或教师对所处班级或课堂的知觉或感受，是决定学生发展的潜在因素，是任何希望提高学校质量的教育者都不能忽视的因素。[①②]然而该定义明显只强调课堂环境的心理因素，而忽视课堂环境的物理因素。范春林、董奇在对国内外相关文献进行回顾和分析之后，认为课堂环境可以理解为“影响教学活动的开展、质量和效果，并存在于课堂教学过程中的各种物理的、社会的及心理因素的总和”。[③] 他们认为课堂环境与教学环境是一个范畴，是学习环境的下位概念；学习环境包括了课堂和学校内除课堂以外的其他环境要素。他们指出课堂环境的构成包括物理环境、心理环境、社会环境。物理环境通常指教学赖以进行的物质基础、物理条件和技术配备，包括教学设施、时空环境、设备设施等；社会环境是课堂中生生互动及师生互动的基本要素及其状况的总和，包括生生互动和同学关系、师生互动和师生关系、课堂目标和定位、课堂秩序和规则等；心理环境则主要表征学生对学习方式和过程的感知，包括心理状态、课堂心理氛围等。

陆根书和杨兆芳呼应了范春林等的观点，指出在正规的教育系统中，学习环境可以描述为学校或班级的基调、气氛和文化等，包括学生和学生之间、教师和学生之间的关系，受到鼓励和支持的活动类型以及教师之间的关系，是影响学校教学活动开展、质量和效果，并存在于学校或课堂教育过程中的各种物理、社会以及心理因素的总和。[④] 刘丽艳等综合国内外相关文献，也认同范春林等对课堂环境概念的分析，认为课堂环境从内容构成来说，包含物理环

---

① 屈智勇：《国外课堂环境研究的发展概况》，《外国教育研究》2002 年第 7 期。

② 田友谊：《国外课堂环境研究新进展》，《上海教育科研》2003 年第 12 期。

③ 范春林、董奇：《课堂环境研究的现状、意义及趋势》，《比较教育研究》2005 年第 8 期。

④ 陆根书、杨兆芳：《学习环境与学生发展研究述评》，《比较教育研究》2008 年第 7 期。

境、心理环境、社会环境。[①]

课堂环境是学习环境的下位概念，回顾和理解学习环境的概念有助于加深对课堂环境概念的理解。李秉德教授是国内最早提倡加强学习环境研究的学者之一，1989 年他在讨论教学活动的要素时指出：有一个经常被人们忽略的教学因素，那就是学习环境；任何教学活动都必须在一定的时空条件下开展和进行，这一定的时空条件就是有形、无形、特定的学习环境。[②] 在他和李定仁教授 1991 年出版的《教学论》一书中，他用更大的篇幅和笔墨系统地阐释了学习环境的重要性，并首次将其列入教学论的研究范畴，设专门一章来描述学习环境的概念、内容、功能、影响等。[③]

关于学习环境主要有三种代表性的观点：其一是场所观，以威尔逊（Wilson）为代表，认为学习环境是指促进学习者使用资源了解事物并解决问题的场所，在这里学习可以得到促进和加强；[④] 基于此，他认为建构主义学习环境是学生以小组的形式学习使用文化工具的场所，包括学生参与会话和知识创造的语言和规则。其二是动态观，以武法提为代表，认为学习环境是一个动态概念，它与动态的学习进程是紧密联系在一起的，是学习活动赖以持续的条件和情况，主要包括物质条件（如：场所、硬件配备、学习资源等）和非物质条件（如：教学法、人际关系、学习氛围等）。[⑤] 李芒认为学习环境的非物质条件主要是指人与人、人与物质环境相互作用而产生的心理环境，提出心理学习环境对学生学习所产生的影响和起

① 刘丽艳、马云鹏、刘永兵：《亚洲课堂环境研究进展与启示》，《东北师大学报》（哲学社会科学版）2010 年第 3 期。

② 李秉德：《对于教学论的回顾与前瞻》，《华东师范大学学报》（教科版）1989 年第 3 期。

③ 李秉德、李定仁：《教学论》，人民教育出版社 1991 年版。

④ B. G. Wilson, "Metaphors for Instruction: Why We Talk about Learning Environments", *Educational Technology*, Vol. 35, No. 5, 1995, pp. 25 – 30.

⑤ 武法提：《基于 WEB 的学习环境设计》，《电化教育研究》2000 年第 4 期。

到的作用是决定性的，物理学习环境对学习和教学的影响必须通过心理学习环境才能发挥积极作用。[①] 其三是物理环境、知识环境和情感环境组合观，以诺顿和维堡（Norton & Wiburg）为代表，认为学习环境包括物理环境、知识环境和情感环境三个方面：一是学习活动赖以展开的物理空间（物理环境），二是支持学习活动开展的软件和工具（知识环境），三是学习结果保持一致的价值氛围（情感环境）。[②]

基于以上对学习环境的认识，可见学习环境是为学习提供支持的物质条件、社会条件和心理条件的集合，这与范春林等对课堂环境的界定维度相同。因此本书采纳范春林等对课堂环境的界定，把支持课堂教学和课堂学习的各种物质环境、心理环境和社会环境的集合作为课堂环境的考察范畴。因社会环境通常是指在教师课堂教学过程中所形成的教师和学生以及学生和学生之间的关系，而心理环境是教师在课堂教学过程中所营造的课堂气氛，所以本书将社会环境和心理环境统称为社会心理环境，以保持与国际的研究范式接轨。因此本书中的课堂环境包括物理环境和社会心理环境。

二　数字一代学习者

严格来说，数字一代学习者并不能作为正式的学术用语，因为“新”总是和“旧”相对的，它的内涵会随着时间的改变而改变。然而当前国际学术界出现了对“数字土著”“数字移民”“网络一代”“Y 一代”“千禧一代”等术语的研究和争论。其中一个阵营的研究者认为当代学生由于出生和生长于数字环境下，他们对技术

---

① 李芒、李仲秋、黄建荣：《网络探究式学习的心理学习环境设计》，《中国电化教育》2003 年第 7 期。

② P. Norton & K. M. Wiburg, *Teaching with Technology: Designing Opportunities for Learning*, Canada: Thompson-Wadsworth, 2003.

的态度以及生活和学习方式发生了很大的变化；另一阵营的研究者则反对这种割裂的观点，认为并没有明显的证据表明当代学习者和上一代有显著不同，当代学生使用技术的程度和对待技术的态度差别很大，不可一概而论。

莫纳科（Monaco）等首先使用数字一代学习者（New Generation of Learners）一词来指代"千禧一代"，详细指出了千禧一代学习者的特征和课堂内的应对策略。[①] 琼斯（Jones）用数字一代学习者来指代"数字土著"和"网络一代"等术语所表示的成长于数字环境下的学习者，以区分于"数字移民"等指代上一代学习者的术语。[②] Sánchez 使用了数字一代学习者和新数字一代学习者（New Digital Generation of Learners）的概念，同样用来表示以擅长使用技术、快速处理信息、喜欢执行多任务为特征的在数字环境下长大的一代，是"数字土著""网络一代""千禧一代""游戏一代"等术语的统称。[③] 顾小清撰文澄清千禧年学习者的特征及其学习技术呼吁，在文中曾用数字一代学习者来指代千禧年学习者，用于描述20 世纪 80 年代后出生并成长在数字技术环境中的群体。[④]

可见数字一代学习者总是和"数字土著""网络一代""千禧一代""Y 一代"等术语联系在一起，"千禧一代"和"Y 一代"都是从世代的角度，描述一代人的整体特征，两个术语所指的群体基本一致，都是出生于1982 年至2000 年的年轻一代。"网络一

---

① M. Monaco & M. Martin, "The Millennial Student: A New Generation of Learners", *Athletic Training Education Journal*, Vol. 2, No. 2, 2007, pp. 42 – 46.

② C. Jones, "A new generation of learners? The Net Generation and Digital Natives", *Learning, Media and Technology*, Vol. 35, No. 4, 2010, pp. 365 – 368. doi: 10.1080/17439884.2010.531278.

③ J. Sánchez, A. Salinas, D. Contreras & E. Meyer, "Does the New Digital Generation of Learners Exist? A Qualitative Study", *British Journal of Educational Technology*, Vol. 42, No. 4, 2011, pp. 543 – 556. doi: 10.1111/j.1467 – 8535.2010.01069.x.

④ 顾小清、林仕丽、汪月：《理解与应对：千禧年学习者的数字土著特征及其学习技术吁求》，《现代远程教育研究》2012 年第 1 期。

代”是1977年1月到1997年12月出生的一代，“数字土著”则是指那些出生于80年代末90年代初及以后的年轻一代。众多研究表明这些成长于数字一代的学习者具有一些共同的特征，如喜欢使用技术、喜欢协作交流、喜欢图形化表达等；然而反对者则认为没有足够的实证研究证明上述结论的正确性，倡导更多的实证研究。

国际上对上述术语的解读和争论是本书开展数字一代学习者研究的背景（Context），因此本书中的数字一代学习者是指20世纪80年代后出生并在数字环境中成长起来的一代学生。

三　学习方式

学习方式一词很难界定，正如托马斯·贝勒（Thomas Bello）所指出“学习方式的定义差不多和这一课题的研究者一样多”。目前学界关于学习方式的观点基本可分为三种。

第一种观点是心理学领域对学习方式的理解，从学生的认知倾向性出发，主要关注个体研究视角和孤立的要素分析，认为学生的学习方式就是学生的学习风格，是人们在学习时所具有的或偏爱的方式，是学习者在研究解决其学习任务时所表现出来的具有个人特色的方式。[①]“学习风格”一词最早由美国学者塞伦（H. Thelen）于1954年提出，其英文一般表述为Learning Approach或Learning Style。陈琦指出学习风格主要从视觉型和听觉型（感觉通道）、冲动型和反思型、场依存和场独立、结构化和随意性、大脑单侧化五个方面考察学习者学习风格的差异。[②]

在教育理论和实践活动领域中，主要存在两种有关学习方式的观点，其一是基于一般的学习活动，其二是基于课程的学习活动。

---

① 陈琦、刘儒德：《当代教育心理学》，北京师范大学出版社1997年版，第278页。

② 陈琦：《学生学习方式的差异与因材施教》，《北京师范大学学报》1989年第1期。

有学者基于一般学习活动将学习方式界定为学生在完成学习任务时基本的行为和认知取向，不是指具体的学习策略和方法。① 主要强调学生在学习过程中所采用的行为和行为的组织方式，如探究式学习和研究性学习就是通过组织各种学习行为来提高学习者参与认知活动的主体性和投入感。这些研究主要集中在通过改变学习者的认知过程来提升学习效果。

第三种观点从基于课程的学习活动出发，认为学习方式就是课程学习活动方式，是客观存在的学习活动类型及其运行的时间、空间和程序在课程内部的反映。② 学习活动方式的基本要素包括学习活动的类型及其运行的时间、空间和程序。学习活动方式的本质在于它是观念形态的学习活动，是学生实际进行的各种学习活动在课程中的体现，是课程结构中不可缺少的重要成分。③ 本书采用李芒教授提出的这种学习方式的界定。

基于第三种观点，李芒教授将学习方式的表现形态概括为五个方面——接受、探究、自主、合作和体验。④ 2001 年 6 月教育部印发《基础教育课程改革纲要（试行）》，提出“改变课程实施过于强调接受学习、死记硬背、机械训练的现状，倡导学生主动参与、乐于探究、勤于动手，培养学生搜集和处理信息的能力、获取新知识的能力、分析和解决问题的能力以及交流与合作的能力”。自主学习、探究学习与合作学习是当前新课程改革强调的三种学习方式，倡导这三种学习方式的目的在于改变传统的以教师为中心、以书本为中心的局面，促进学生自主、合作和探究的意识及实践能力的发展。

---

① 孔企平：《论学习方式的转变》，《全球教育展望》2001 年第 8 期。

② 李芒：《技术与学习：论信息化学习方式》，科学出版社 2007 年版，第 71 页。

③ 廖哲勋、田慧生：《课程新论》，教育科学出版社 2003 年版，第 196—197 页。

④ 李芒：《技术与学习：论信息化学习方式》，科学出版社 2007 年版，第 74 页。

第二章

相关研究述评

为了深入了解课堂环境的研究成果，进一步明确本书的重点，在借鉴的同时进行研究方法的创新，我们需要了解当前课堂环境研究的现状、重点和趋势。课堂环境包括物理环境和社会心理环境，物理环境的研究可以放在学习空间这个新的研究背景下进行考察，技术对物理环境的影响可以通过智慧教室的相关研究来分析，社会心理环境则可以通过对课堂环境量表的分析来厘清脉络。因此文献综述主要从学习空间、智慧教室和课堂环境的研究方法三个方面来分析。

第一节　学习空间的相关研究

国际上关于学习空间（Learning Space）的研究自2003年以来如雨后春笋般迅速成长，主要研究在技术丰富的条件下，如何改造学校的物理空间和教学方式，以便适应数字一代学习者的学习需求。2006年，美国高等教育信息化重镇EDUCAUSE的研究顾问和高级研究员戴安娜·G.奥布林格（Diana G. Oblinger）出版了《学习空间》（*Learning Space*）一书，主要阐述了信息通信技术的发展对高校学习环境提出的挑战，书中重点指出学习空间对课堂教学和学习实践具有非常重要的影响，并从对学习的理解、信息技术的最新发展、数字一代学习者的变化三个方面论述了学习空间设计和评估的研究方向和趋势。

2011年创刊的《学习空间杂志》（*Journal of Learning Space*）是一本专门研究学习空间设计和评估的专业学术期刊。杂志把学习定义为通过学习、体验或教学获取知识、技能或理解的过程，学习空间设计的目的是支持、促进、刺激或增强教学与学习。学习空间包括正式学习空间、非正式学习空间和虚拟学习空间三种。正式的学习空间主要包括普通教室、阶梯教室、实验室、大礼堂等，非正式的学习空间主要包括休息室、户外学习区、多媒体沙箱等，虚拟学习空间主要包括各种学习管理系统、社交网站或在线学习环境等。

一 学习空间的设计

英国联合信息系统委员会（Joint Information Systems Committee，简称JISC），是英国高等教育信息化的窗口部门；2008年，通过对英国高等学校的大规模调查和利益关联者的访谈，综合使用了定性和定量等多种分析方法，详细论述了高校学习空间发展的趋势以及技术在学习空间设计过程中的作用，最终发布了《21世纪学习空间设计指南：为有效的学习设计空间》（“Designing Spaces for Effective Learning：A Guide to 21st Century Learning Space Design”）研究报告。[①] 该报告对教室空间的设计做了详细论述，提出教室空间需要灵活适应“以学生为中心”“以教师为中心”“去中心”等多种教学模式的不同需求；通风、采光、布局、结构设计必须具有弹性，尽量采用自然光线，物理环境要素的设计需要为未来的改进留

---

① JISC，“Designing Spaces for Effective Learning：a Guide to 21st Century Learning Space Design”，Retrieved October 20，2011，from http：//www.jisc.ac.uk/uploaded_documents/JISClearningspaces.pdf.

下空间；教室空间在设计之初就必须考虑支持个人自学、小组学习、班级学习等不同的学习形式。

研究报告旗帜鲜明地指出 21 世纪的学习方式和形态将发生巨大改变，无线网络、移动设备、个人学习环境、交互式电子白板、高质量的数字学习资源以及学习资源的及时获取等用于学习的各种技术，正在改变学习者在学校的学习体验。在综合分析各种调查和访谈数据之后，研究报告指出，为满足数字一代学习者的需求，设计 21 世纪的学习，需要为学生设计和改造学习空间，以支持灵活、多变的教学模式。四个关键词可以用来概括未来学习空间设计的基本原则和功能要求，即激发动机、灵活布局、强化协作、个性化支持。学习空间要能以多种创新方式促进学生学习动机的激发，能因教学和学习的不同需求而灵活改变空间布局，能支持基于任务和活动的小组协作学习，能为学习者提供支持个性化学习的环境。

在学习空间的设计阶段，就需要把学生的学习特征和行为方式考虑进去，这样会让学生感受到自己是环境的主人，可以控制环境并深入其中，进而可以掌控学习的进程。小组合作能够促进深层次的知识加工和处理；泛在的无线网络环境，为轻松实现学生之间的及时互动、信息分享、问题解决提供了条件；移动和无线技术使得多样的教学法成为可能，从而使得学习空间经常用于形式各异的教学，因此灵活性是学习空间设计的一个重要因素，包括多媒体设备、课桌椅等室内的装备要可移动，室内的温度、声音要可调节等。

研究报告在分析和利用各种先进学习技术的基础上，提出了四种可能改变学生学习体验的方式，即辅助式学习（Supported Learning）、视听交互式学习（Visual and Interactive Learning）、连接学习（Connected Learning）、移动学习（Mobile Learning）。辅助式学习可能用到的装备包括视频记录设备、等离子屏幕、视听提示、辅助技术、USB 接口等；视听交互式学习可能用到的装备包括视频会议系统、投影、交互白板、投票系统等；连接学习可能用的装备包括无线网络、支持无线接入网络的计算机或平板电脑、联网的 PDA 或手机等；移动学习可能用到的装备包括平板电脑、笔记本、手机、PDA、数码照相机等。在学习空间的设计阶段，综合考虑这些可能用到的技术和设备及其与教学法的匹配，会为学生提供最佳的学习体验。

2009 年，澳大利亚政府意识到了学习空间对学生成长和发展的意义与作用，在国家层面投入 163 亿澳元用于技术促进的学习空间建设，目标是建设世界一流的教育基础设施，以满足不同学生的学习需求，使他们能赢得未来；[①] 昆士兰地方州政府认为学习空间是促进有效学习的重要组成部分，必须要加大投入和建设力度。[②] 因此学习空间的研究在澳大利亚盛极一时，出现了许多有学术价值的成果。

肯恩·费希尔（Kenn Fisher）博士 2005 年发表了《连接教学法和学习空间》（"Linking Pedagogy and Space"）一文，指出不同类型的学习活动对学习空间有不同的要求，特定的学习空间会预设、激发、促进特定的学习活动。[③] 肯恩·费希尔博士提出常见的教学活动主要包括讲授、应用、创造、交互、决策五种类型，针对这五种类型的教学活动，他深入分析了五种教学活动的基本属性、教学过程、师生角色、空间布局，如表 2—1 所示。不同教学法对学习空间的设计有不同的要求，讲授型的教学宜于采用“秧苗式”空间

---

① Commonwealth of Australia, "Building the Education Revolution", Retrieved October 23, 2011, from http: //www. deewr. gov. au/Schooling/BuildingTheEducationRevolution/Pages/default. aspx.

② Queensland Government, "Technology, Architecture and Furniture", Retrieved October 17, 2011, from http: //www. learningplace. com. au/sc/transform.

③ K. Fisher, "Linking Pedagogy and Space", Retrieved October 17, 2011, from http: //www. eduweb. vic. gov. au/edulibrary/public/assetman/bf/Linking_ Pedagogy_ and_ Space. pdf.

布局，应用型的教学宜于采用“对称式”空间布局，创造型的教学则更适合于在“多组圆桌式”的空间布局中开展，交互型的教学则更适合于在“圆桌式”的空间布局中进行；决策型的教学采用“会议式”的空间布局比较合适。

表 2—1　　教学活动和学习空间

教学活动	基本属性	教学过程	师生角色	空间布局
讲授型	聚焦于演示；教师控制；学生被动接受	准备演示材料；讲授；评价理解	以教师为中心；教师把信息传递给学生；知识只有一个来源——教师	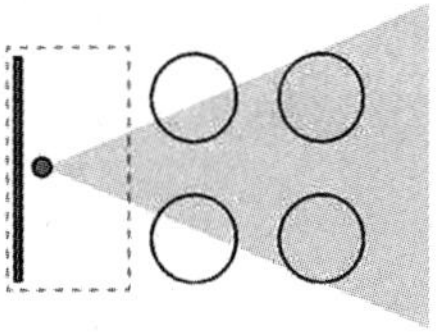
应用型	一对一；教师和学生交互控制；积极的学习	通过演示传递知识；学生进行练习；评定成绩	以学生为中心；认知学徒的模式	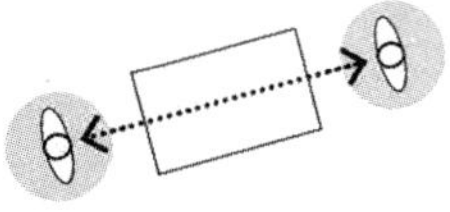
创造型	去领导化；平等；分布式认知；积极学习	研究；认识需求；发散思考；深思熟虑；创新的成果	创新或知识从抽象转化为产品	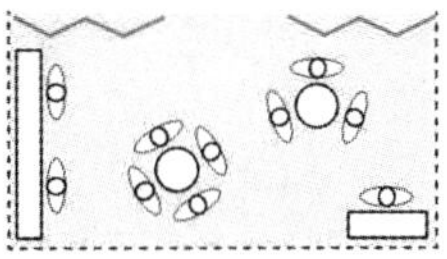
交互型	分散的知识；即时传递；积极学习	组织信息；传递信息；接受和解释；确认	分享知识；快速互动	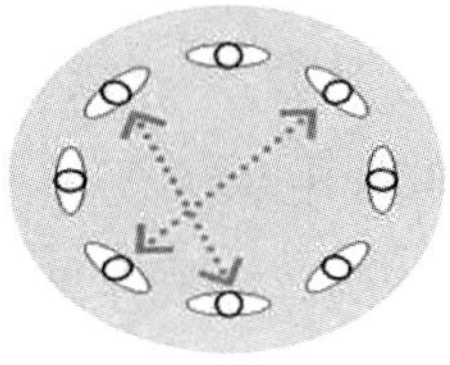
决策型	知识分散；信息共享；领导决策；积极或消极学习	预览信息；形成决策；计划；实施行动	形成决策	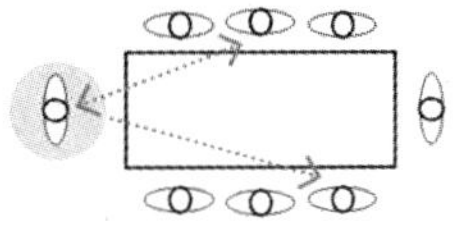

David Radcliffe 提出了学习空间设计和评估的 PST（Pedagogy-Space-Technology）框架。[①] 他认为，在当今社会信息化的大背景下，信息技术、教学法和学习空间三者之间是互相作用的，在课堂教学过程中需要综合考虑这三者之间的作用关系。信息技术拓展了学习空间，使学习空间不仅仅包括物理空间，还包括虚拟空间；信息技术增强了教学法，使教师可以采用多种教学手段进行教学；学习空间可以促进教学法，灵活、丰富的学习空间为教师的教学提供了多种选择，也可促进教师改变教学方法，提高教学效率和效果。三者的作用关系如图 2—1 所示。

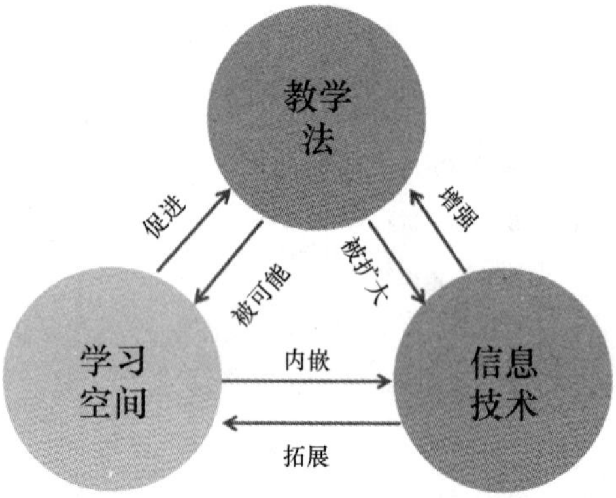

图 2—1 PST（Pedagogy-Space-Technology）框架

从教学一线出发，澳大利亚昆士兰州邦蒂布尔瓦州立学校（Bounty Boulevard State School）的 Joseph Perkins 等人提出了 21 世纪学习空间的设计框架（Framework for Considering 21st Century Learning Spaces），如图 2—2 所示。[②] Joseph 指出在设计学习空间需

---

① D. Radcliffe, "A Pedagogy-Space-Technology（PST）Framework for Designing and Evaluating Learning Places", *In Next Generation Learning Spaces Colloquium*, 2008, pp. 9 - 16. The University of Queensland.

② J. Perkins, "Enabling 21st century Learning Spaces: Practical Interpretations of the MCEETYA Learning Spaces Framework at Bounty Boulevard State School", *QUICK*, Vol. 116, 2010, pp. 3 - 8.

要综合考虑教学法、数字技术、新知识、学习者和学习空间之间的相互作用，强调五个要素之间的良性互动，当各个要素之间能够紧密耦合，互相支持的时候，有效学习才能得到促进。

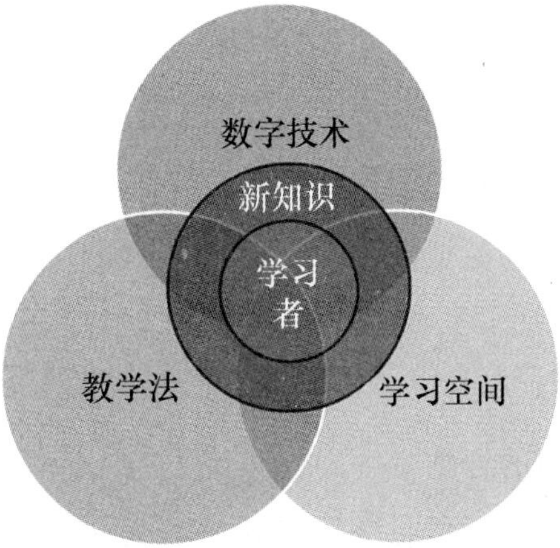

图 2—2　21 世纪学习空间设计框架

2009 年澳大利亚教育和青少年发展部发布了《教学法和学习空间——创新变革学习》（“Pedagogy and Space，Transforming Learning through Innovation”）研究报告。[①] 报告指出，为适应学生的学习需求、促进学生学习成绩的提高，澳大利亚的中小学在设计和改造学习空间方面进行了有益尝试，很多学校通过改造学生的学习空间，确实使学生的学习成绩得以提高。基于这些成功的实践经验，报告提出，可通过三个步骤将以学生为中心的学习方式和学习空间的设计进行关联：首先，通过调查数据分析了解学生的学习需求、学习特点和学习能力；其次，根据学生的不同学习需求，了解教师的具体课堂教学实践形态；最后，根据不同的学生需求和期望达成

① Department of education and early childhood development，“Pedagogy and Space，Transforming Learning through Innovation”，2009，Retrieved September 22，2012，from http：//www. flemingtonps. vic. edu. au/image/bjs2/Pedagogy_ and_ Flexible_ Learning_ Environments. pdf.

的教学功能，设计不同的学习空间。

从上文美、英、澳三国关于学习空间的研究和实践可见，学习空间的研究虽始于高校学习空间的设计，但目前已经扩散至基础教育领域，学习空间设计指的是包括教室、图书馆、室外学习区域等在内的整个学校空间的设计，其中，教室是学习空间的重要组成部分，也是学习空间设计的主要方面。虽然目前对于学习空间的设计方案各有不同，但大都基于以下两个基本的原则：(1) 学习空间的设计要考虑技术的最新发展和学生的学习需求；(2) 学习空间的设计要考虑教学法。

二 学习空间的评估

综合当前国外关于学习空间研究的相关文献，我们发现关于学习空间设计的影响因素、学习空间变革的需求和设计案例等方面的文献有很多，但是有关学习空间评估的实证研究却很少，尤其是教室空间的评估方面实证研究更少。Milne、Lonsdale & Vavoula、Long & Holeton 和 Leather & Marinho 等人的文章主要阐述了构建灵活的、技术丰富、以学生为中心的学习环境的必要性；Weaver、Milne 等人认为以学生为中心的学习空间设计能提高学生的学习成绩，持此类观点的还包括2009 年 Independent Schools Queensland Briefing 发布的报告，然而这些观点却很少有实证的研究支撑。①

明尼苏达大学的学习环境设计项目最有特色，在学习空间评估，尤其是教室空间的评估方面做了很多有益的尝试。自 2007 年开始，明尼苏达大学受布什基金会（Bush Foundation）的资助，开展了关于“活动学习教室”（Active Learning Classroom，简称 ALC）影

① N. Lee, S. Tan & D. Tout, “ELS Literature Review (DRAFT)”, Retrieved December 22, 2011, from http://www.swinburne.edu.au/spl/learningspacesproject/outcomes/files/ELS%20Lit%20Review.pdf.

响的研究。Aimee L. Whiteside、D. Christopher Brooks 和 J. D. Walker 等汇报了明尼苏达大学开展的为期三年的 ALCs 准实验研究的情况。[①] 活动学习教室可摆放 5 个圆形课桌，9 名同学围坐在一个课桌前；每个圆桌可分为三个小组，每个小组三名学生；每个圆桌配备 3 台笔记本电脑，并和投影仪相连，方便同学之间协作；普通教室则是按照传统的“秧苗式”格局布置的教室，如图 2—3 所示。

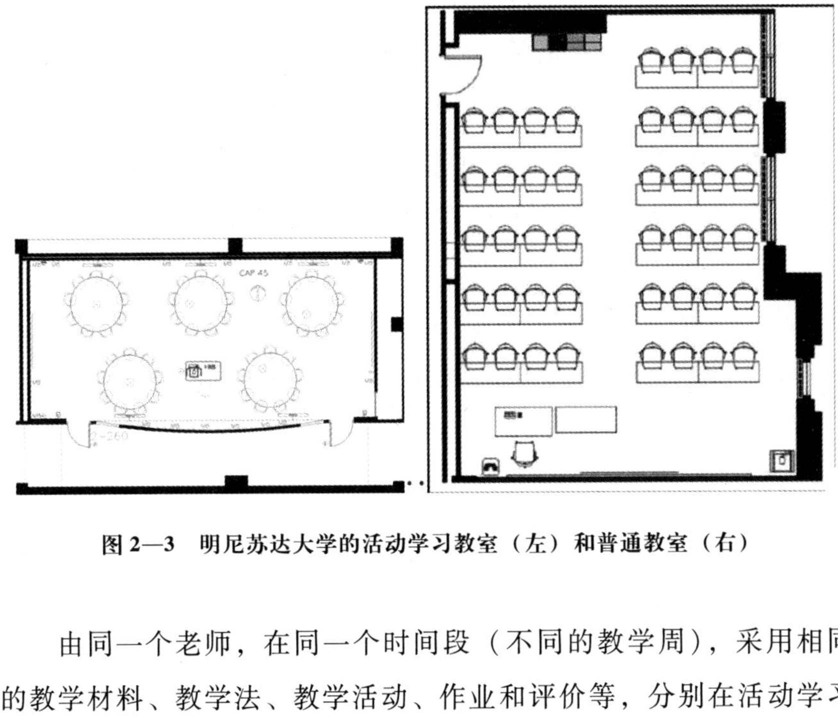

图 2—3　明尼苏达大学的活动学习教室（左）和普通教室（右）

由同一个老师，在同一个时间段（不同的教学周），采用相同的教学材料、教学法、教学活动、作业和评价等，分别在活动学习教室和传统教室授课，这样就控制了教学法和学生的变量，使教室的物理环境作为研究的唯一变量。他们综合采用课堂观察法、学生调查法和教师访谈法等搜集数据，并对数据进行了相关性分析，得

---

① A. Whiteside, D. C. Brooks & J. D. Walker, “Making the Case for Space: Three Years of Empirical Research on Formal and Informal Learning Environments”, *EDUCAUSE Quarterly*, Vol. 33, No. 3, 2010.

出以下几个结论：(1) 学生在高技术环境下的学习体验好，在活动学习教室内的学生成绩高于普通教室的学生，因此教室的特征对学习有重要影响。(2) 学习环境影响课堂教学和学习行为，在传统教室内教师的讲授（Lecture）比例和站在讲台上（Podium）的比例明显偏高，然而在 ALC 教室内教师的讨论（Discussion）比例和答疑（Consulting）比例明显偏高，学生的小组活动（Group Activity）也有所增加。因此教师应该在考虑教室特征的基础上准备和实施课堂教学。(3) 技术是学生学习中不可或缺的重要组成，学生喜欢能够快速、可靠接入网络的学习环境。

他们采用课堂观察的方法搜集教师行为和学生行为的数据，主要观察点包括教师站在讲台上的时间和答疑时间，教师讲授、讨论、组织小组活动和组织大组活动的时间，学生专注于任务的比例、参与的频率、展示成果的方式、使用计算机的功能（包括因特网、课程管理系统、社交软件等）和学生作为教师的时间。在分析结果时，通过检测传统课堂和 ALC 课堂各个观测指标出现的次数，以对比两者的不同。以 Lecture 为例，观察的数据中 Lecture 出现的比例，在传统教室为77%，在 ALC 教室为54%，则可以推断传统教室更适合教师的讲授，ALC 教室则更能促进学生合作与讨论。

三 小结

学习空间是一个新兴的研究方向，是在技术发展的基础上，为了实现学习者自主、灵活和投入的学习而开展的研究；在提高教师教学有效性和学生学习投入度的同时，为今天的学生准备明天的环境，使学习者能够在未来的工作和生活中尽快适应。学习空间的研究包括对学习空间的规划、设计、实施以及评价等各个方面，美国、英国等发达国家都进行了有益的尝试，澳大利亚因为政府的重视和支持，对学习空间的研究和实践相对比较深入。

从美国、英国、澳大利亚关于学习空间的研究和实践可知，虽然学习空间的研究始于对高校学习空间的设计，但目前已经扩散至基础教育领域；学习空间设计指的是整个学校空间的设计，不仅包括教室、图书馆、室外学习区域等物理空间的设计，而且还包括学校虚拟空间的设计，可以说学习空间是一个教育机构物理空间和虚拟空间的整合，其目的是适应学习者的个性化学习需求，促进学生有效、高效和投入地学习。国外学习空间建设的有益经验为我们建设学习空间提供了重要参考和启示。

（1）学习空间建设的目标是实现教育机构物理空间和虚拟空间的有效融合

对高等院校和中小学校来说，物理学习空间除了包括正式的学习场所，如教室、实验室、多媒体机房等，还包括很多非正式的学习场所，如图书馆、自习室、体育场馆等。正式的学习场所固然是学生学习的主阵地，但非正式学习场所在拓展学生能力、发展个性特征、促进全面发展等方面发挥着越来越重要的作用，事实上正式学习和非正式学习正在逐渐融合。虚拟学习空间包括各种学习管理系统、学习资源平台、社交网络平台等，目前虚拟学习空间往往比较分散，它们分属不同部门、不同组织和不同机构管理，学习者在使用这些虚拟学习空间时会感觉忙乱。对一个教育机构而言，虚拟学习空间建设需要打通各个不同的虚拟平台，实现跨平台的整合，为学习者提供统一友好的界面，让学习者通过简单和自然的交互使用各种平台。物理空间和虚拟空间的融合是学习空间建设的目标。以教室为例，高清摄像头、宽带网络和多屏触摸板的配置使得身处不同地区的教师和学生可以实现与面对面效果一样的实时互动，利用混合同步网络课堂实现并超越了真实的物理课堂效果，从而真正实现物理空间和虚拟空间的融合。

（2）学习空间是个人学习环境和公共学习空间的有机统一

对一个教育机构而言，学习空间是整个机构所提供的学习环境，包括正式、非正式和虚拟环境；从整个教育体系而言，学习空间是学习者在正规教育中所经历的各级各类教育环境的有效接合；从整个社会而言，学习空间则包含公民接受正规教育和体验社会教育的各种物理环境、虚拟环境以及虚实结合的环境。无论从哪个层次建设学习空间，必然包括学习者个人学习环境的建设和公共学习空间的建设，而两者的统一是在学习空间设计时必须考虑的。

学习空间要为每个学习者提供私有的和个性化的个人学习环境（Personal Learning Environment，简称 PLE），集成学习管理系统、学习资源平台和各种社交应用，实现跨平台的整合，为学习者提供统一的学习管理界面，使学习者不用游走于各个系统和平台之间，从而让学习更加有效和高效；公共学习空间，承担公共服务的功能，要能够实现记录学生的学习过程、识别学生的学习情境、感知学习的物理环境和联结学习社群等功能，从而更好地提供适应学习者个性特征的学习支持和服务。事实上公共学习空间除了服务于学习者，为其提供智慧学习环境，实现自适应和个性化的学习之外，公共学习空间的学习数据分析还可以为教育机构、教育体系和社会三个层面提供政策决策的参考。

（3）学习空间的建设要综合考虑技术的最新发展和学生的个性化学习需求

增强现实技术、富媒体技术、传感器技术、学习分析技术等最新发展的技术为构建物理和虚拟融合的学习空间提供了可能。增强现实技术本身就是虚拟和现实混合的一种技术，能够结合虚拟化技术再来观察现实世界，从而增强现实观感体验；富媒体技术把文本、声音、视频、动画等媒体形式和自然的交互设计整合起来，拓展了交互的概念，增加了用户的参与，从而极大增强了用户体验；传感器技术的发展为学习情景识别和学习环境监测提供了重要支撑；学习分析技术对学习者以及学习情境的数据进行测量、收集、分析和报告，为更好地理解和优化学习以及学习发生的情景提供了重要参考。

由于当前学习者是在数字技术环境下成长起来的一代，他们往往被称为“数字土著”（Digital Native），数字土著一代具有不同于以往学习者的学习特征，他们喜欢与人协作、对技术使用依赖、偏好连接和体验式学习。学习空间的建设要考虑数字一代数字土著的群体学习特征，创建能够支持学生彼此协作、便捷接入网络、促进真实学习的环境，同时要尊重学生的个性化需求，推动自适应和个性化学习。

（4）学习空间的设计要考虑教学法，不同的教学法对学习空间有不同的要求

学习空间建设的目的是为学习者创建虚拟和现实无缝融合的环境，使学习者能够轻松、有效和投入地开展正式和非正式学习。学习空间的设计要考虑教学法，要能够根据不同的教学法进行灵活的调整和变化，要能综合支持课堂听讲、自主、探究和协作的学习方式，同时还要支持户外移动学习和泛在学习方式。以教室空间为例，既要能支持讲授的教学方式，教室内的座位布局可调整为典型的“秧苗式”；又要能支持探究和协作的教学方式，教室内的座位布局可调整为“多组圆桌式”。教室空间能提供模拟真实情境的学习环境，同学之间利用各种数字资源和丰富的工具进行研究，根据问题展开讨论，可以方便地与本地或者远程的老师和同学进行交互，学习结果能够灵活地展示给全班同学。

尽管目前学习空间的设计已有了相关的研究成果，也有很多值得借鉴之处，然而研究仅仅聚焦于如何结合技术的最新发展和教学

法等因素去开发学习空间，专注于物理环境的研究，很少涉及由于课堂物理环境和教学法的改变而产生的课堂社会和心理环境变化的研究。

对于教室空间的评估，目前尚无成熟的方法体系。明尼苏达大学的 ALC 教室评估为教室空间的评估提供了重要参考，通过课堂观察的方法检测物理环境对教学方式和学习活动的影响程度，通过对学生的调查来了解学生对课堂的满意度，通过对教师和学生的访谈来验证观察法和调查法得出的结论，这为本书的设计提供了重要参考。

对于整体学习空间的评估，澳大利亚的 Trish Andrews 和 Lorinne Du Toit 提出了基于活动理论（Activity Theory）和阐释性评价（Illuminative Evaluation）的学习空间评价理论框架，① Stella Tan、Nicolette Lee 和 David Hall 等利用 CIPP 模型对学习空间进行评价，② 澳大利亚、美国和英国都开展了很多有益的尝试。

第二节 智慧教室的相关研究

技术对教育有革命性影响，当技术被引入教育之后，当技术进入教室之后，究竟如何影响和改变教室环境？技术支持的教室环境如何促进教师教学和学生学习？本部分主要综述技术支持的教室环境建设的相关案例，以期能从中获得对上述问题的解释。

---

① T. Andrews & L. D. Toit, "Utilising Activity Theory and Illuminative Evaluation as a Theoretical Framework for ACTS Learning Spaces", 2010, Retrieved September 22, 2012, from http://www.swinburne.edu.au/spl/learningspacesproject/outcomes/files/ACTS_ Evaluation_ Theoretical_ Framework.pdf.

② S. Tan, L. Lee & D. Hall, "CIPP as a Model for Evaluating Learning Spaces", 2010, Retrieved September 22, 2012, from http://www.swinburne.edu.au/spl/learningspacesproject/outcomes/files/SUT_ Theoretical_ Framework.pdf.

无论在国内还是国外，随着技术的发展，智慧学习环境都逐渐成为一个热门的研究话题，基本目标是建设一种能感知学习情境、识别学习者特征、提供合适的学习资源与便利的互动工具、自动记录学习过程和评测学习成果，以促进学习者有效学习的学习场所或活动空间。[①] 智慧教室是一种典型的智慧学习环境，是多媒体教室和网络教室发展的高端形态和必然趋势，[②] 基本目标是充分利用现代信息技术，建设高智能教室，以期变革当前被动的学习方式，让学生主动地投入学习。比较有代表的项目有北卡罗来纳州立大学的以学生为中心的大教室项目（Student-Centered Activities for Large Enrollment Undergraduate Programs，简称 SCALE-UP）、美国麻省理工学院的技术支持的主动学习项目（Technology-Enabled Active Learning，简称 TEAL）、南洋理工大学的未来教室计划（Classroom of the Future ，简称 COTF）、苹果的明日教室和我国台湾地区的未来教室。

一 技术丰富的教室案例

（一）北卡罗来纳州立大学的 SCALE-UP 项目

北卡罗来纳州立大学的 SCALE-UP 项目的主要目标是建立一个技术丰富的、高度协作和互动的教室环境。[③] 北卡罗来纳州立大学和 20 所中小学校合作，试图改变传统讲授式的教学模式，为此项目配备新的教室环境，采用新的教学方法，并根据学习需求修订教

---

① 黄荣怀、杨俊锋、胡永斌：《从数字学习环境到智慧学习环境——学习环境的变革与趋势》，《开放教育研究》2012 年第 1 期。

② 黄荣怀、胡永斌、杨俊锋等：《智慧教室的概念及特征》，《开放教育研究》2012 年第 2 期。

③ R. Beichner，J. Saul，D. Abbott，J. Morse，D. Deardorff，R. Allain，et al.，"Student-Centered Activities for Large Enrollment Undergraduate Programs（SCALE-UP）Project"，In E. Redish & P. Cooney（Eds.），*College Park*：*Research-based Reform of University Physics*，MD：American Association of Physics Teachers，pp. 1 –42.

学材料。他们提出教室的设计原则包括：（1）支持讲授式和合作式两种教学法；（2）能支持2—4个学生的小组合作；（3）学生能够接入电脑和互联网；（4）学生能够参与课堂讨论；（5）学生能够把成果展示给其他同学。重新布置的教室内座位布局是该项目的一个亮点，每个圆桌坐9个学生，分成三组，每组一台笔记本，整个教室可容纳99名学生。教师的讲台是位于教室正中央的一个桌子，有计算机和实物展台与投影屏幕相连。

深层学习的原则是Carmean和Haefner提出来的，他们认为当学习是以学生为中心、充满社会性交互、学生能积极和投入地学习，并且新知识建立在旧知识的基础上、和学生的真实生活息息相关、学生有机会在真实世界中使用新知识的时候，深层学习就发生了，具体原则如表2—2所示。[①] 该项目组在设计教学活动时，使用深层学习的原则。结果证明在SCALE-UP教室内学生的考试成绩比普通教室内学生的学习成绩要高，学生对SCALE-UP教室的满意度也比较高。

表2—2 **深层学习的原则**

原则	操作建议
社会性学习	使用认知学徒模式 促进学生之间合作 提供及时反馈 增强学生和教师的交互 强调及时和丰富的反馈

① C. Carmean & J. Haefner, "Mind over Matter: Transforming Course Management Systems into Effective Learning environments", *Educause Review*, Vol. 37, No. 6, p. 26. Retrieved August 05, 2012, from http://www.educause.edu/apps/er/erm02/erm026.asp.

续表

原则	操作建议
积极学习	致力于解决真实世界的问题 充满判断和探索 行动中学习 使用积极学习技巧 强调真实情境的实践练习
情境认知	新知识建立在学生已有知识基础上 新知识和学生的世界关联 学生使用知识 新知识演示给学生 学生有丰富的事实性知识作为基础 意识到学生在进入课堂前有先存概念 学生在概念框架下理解事实和观念 学习是具体而非抽象
投入学习	尊重多元技能和多样学习路径 表达高期望 在高挑战、低危险的环境中 强调本能动机和天然好奇
以学生为中心	学生以回忆和应用为目的组织知识 学生控制自己的学习 强调专注于学习的时间 强调学习自治和多元选择 有充足时间反思 强调高阶认知目标（综合和反思）

（二）麻省理工学院的 TEAL 项目

为了改善传统物理学的教学方式，使物理成绩不合格率降低，帮助学生理解抽象的物理概念，麻省理工学院（Massachusetts Institute of Technology，简称 MIT）于 2000 年提出了技术增强的积极学习项目（Technology Enhanced Active Learning，简称 TEAL），试图打造一个高技术和互动的 TEAL 教室，希望信息技术能激发学生主动学习的热情，营造一个彼此合作和高度互动的教学环境，强调学生动手操作和亲身实践。

MIT 的 TEAL 计划最大的特色在于教室空间规划，教室内共有 13 张圆桌，每桌可坐 9 名学生，一间教室共可容纳 100 多名学生。每 3 名同学组成一个小组，配备一台计算机，作为小组报告与教师教学之用。教师的讲台位于教室的正中央，好让学生可以看清楚老师在课堂上的各种教学示范，TEAL 教室配有 8 部投影机和 13 部摄影系统，可将老师的示范实时投影到教室的 8 个投影幕上。①

TEAL 是一种教学形式，整合了教学、模拟和动手实验，为学生创建丰富的合作学习体验。截至 2005 年，TEAL 几乎用于所有麻省理工学院物理学的入门课程；TEAL 的功能是协助学生利用笔记本电脑进行协作学习，用笔记本电脑收集实验数据，通过可视化、仿真情境以及个人反馈系统，激发学生和老师之间的互动，TEAL 的教学设施包括：网络教学系统、3D 立体视觉仿真图形、实验动态仿真、桌上型实验设施以及个人实时反馈系统。

TEAL 课堂的主要特征包括三个方面：（1）亲自动手的实验；（2）抽象概念的可视化表征；（3）技术支持的个人反馈系统（Personal Response System），对学生回答的及时反馈。②

麻省理工学院的 Dori 等指出在 TEAL 教室上课的 2003 年秋季课程的通过率和学生的学业成绩明显高于传统课堂，学生对 TEAL

---

① MIT，MIT iCapus：TEAL，Introducing TEAL，Retrieved Feb 05，2012，from http：//icampus. mit. edu/TEAL/default. aspx .

② Y. Dori & J. Belcher， “How does Technology-enabled Active Learning Affect Undergraduate Students' Understanding of Electromagnetism concepts?”，*The Journal of the Learning Sciences*，Vol. 14，2005，pp. 243－279.

教室的评价要好过传统教室。对使用 TEAL 教室学习电磁学的 350 名学生从 2001 年秋季至 2003 年春季开展实验研究，分析的结果显示学生对 TEAL 教室优点的反馈包括：（1）TEAL 项目最佳的实践是，当学生有问题的时候，教师能及时给学生解决问题；（2）对抽象概念的二维或者三维的可视化表征；（3）基于网络的家庭作业，使学习者在课前预习成为习惯；（4）个人反馈系统（Personal Response System），把抽象的概念分解为具体的问题，学生对问题回答之后，会有及时的反馈；（5）课堂研讨，学生表示从与同伴的讨论和交流中学到很多知识。①

（三）苹果明日教室 $ACOT^2$

苹果明日教室（Apple Classroom of Tomorrow，简称 ACOT）是公立学校、大学、研究机构和苹果电脑公司合作开展的一项研究。研究最初始于一个想法，即“如果教师和学生在需要的时候，计算机总能得到满足，将会发生什么”，这意味着技术是随时随地可以获取的，不管是在教室还是在机房，在学校还是在家里。ACOT 开始于 1985 年，目标是研究教师和学生如何通过使用技术来改变教与学。1995 年 ACOT 项目截止，十年期间，全美有 100 所中小学参与了 ACOT 项目。ACOT 项目创造性地把建构主义学习理论和技术支持的课堂结合起来，提出了一系列有效的教学模式，并对教师专业发展提供了宝贵的经验。

2008 年，苹果今日 & 明日教室（Apple Classroom of Tomorrow-Today，简称 $ACOT^2$）项目启动，除了沿袭 ACOT 的成功经验之外，$ACOT^2$ 主要用来帮助各中学进一步地为数字一代学生创造一种他们需要的、想要的学习环境，以使他们能安心地待在学校中。

$ACOT^2$ 项目的背景是美国中学教育的高辍学率和不能毕业率，

---

① Y. Dori，J. Belcher，M. Besette，M. Danziger，A. McKinney & E. Hult，“Technology for Active Learning” *Materials Today*，Vol. 6，2003，pp. 44 – 49.

而当前的教育改革没有一种切实可行的措施。① 据此 ACOT²试图根据数字一代学习者的特征，提供一些基本的设计原则，包括：21世纪技能（21st Century Skill and Outcomes）、应用型的课程（Relevant & Applied Curriculum）、交互式评价方式（Informative Assessment）、社会和情感连接（Social & Emotional Connections with Students）、创新的文化氛围（Culture of Innovation & Creativity）、24/7 的技术环境（Ubiquitous Access to Technology），如图 2—4 所示。

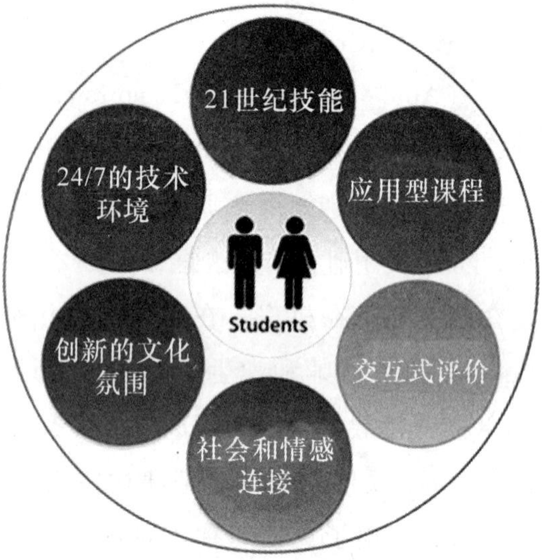

图 2—4　ACOT² 六大设计原则

关于 21 世纪技能的论述，有多种版本。美国教育与技术 CEO 第四次论坛认为适应 21 世纪需要的能力结构主要包括：基本学习技能、创新思维能力、实践能力、人际交往与合作精神、信息素养五个方面。21 世纪技能伙伴组织是一个全球化的组织，该组织汇

① Apple ACOT² （n. d.），Retrieved March 8，2012，from http：//education. apple. com/acot2/global/files/ACOT2_ Background. pdf.

集了商业领域和教育领域的领导人和决策者，他们提出了21世纪技能的概念，认为21世纪技能包括：生活与职业技能、学习与创新技能、信息媒体与技术技能。Triling提出了知识时代的七大生存技能：批判性思维与实践、创新、协作、跨文化理解、传播、计算机素养、生涯与学习自立等，[①] 因每个词组都以C开头，故也称7Cs。与此相对，世界著名教育家瓦格纳提出七大生存能力，即技术问题解决与批评思维能力、通过网络合作与通过影响力领导、信息的获取与分析、灵活性与应变力、首创精神与创业能力、有效的书面与口头沟通能力、好奇心和想象力。[②] $ACOT^2$尤其强调协作能力，指出自20世纪90年代开始，协作日益成为商业领导人和教育者关注的主要能力。

课程是指在教室内发生的有目的的活动。[③] 根据Ronald Doll这一课程的界定，$ACOT^2$提出了五个21世纪课程的特征：融合协作的理念，基于相关的和真实的情境，利用现实世界的工具、资源和方法，使用多样的教学手段，建立课堂学习和外部世界的联系。

交互式评价必须促进个体和小组的学习，帮助学生测量自己的成绩。为了理解交互式评价，可以把学生理解为游戏玩家。他之所以能够持续玩游戏，是因为他能够每隔几分钟就能获得一次反馈，这样的反馈使玩家能待在游戏中，明白自己所处的状态和学到的知识，并根据反馈迅速做出反应。交互式评价就像一个GPS，能使教师、学生、小组知道自己的位置，明确自己的目标，并能根据反馈及时调整学习策略，以寻找最佳路径。

---

① B. Trilling & P. Hood, "Learning, Technology, and Education Reform in the Knowledge Age or We're Wired, Webbed, and Windowed, Now What?", *Educational Technology*, Vol. 39, No. 3, 1999, pp. 5 - 18.

② T. Wagner, "Rigor Redefined", *Educational Leadership*, Vol. 66, No. 2, 2008, pp. 20 - 25.

③ R. C. Doll, *Curriculum Improvement: Decision Making and Process*, Boston: Allyn and Bacon, 1995.

社会和情感连接是保证学生积极参与学习的基础。学习最重要的一个因素便是学生的学习动机，而当学生对学习内容投入感情的时候，学习动机便会增强。[①] 很多研究者都认为社会性是学习的固有属性，学习在学习者与教师、同伴、家庭、专家和其他人的交互中发生，这正是维果斯基的社会文化理论。[②] 社会交互和情感投入能够促进深层学习的发生。

创新是促进全球经济发展的动力，在学校必须要营造创新的文化氛围以培养学生的创新能力。教师应该创造机会让学生进行深入和复杂的思考、使用非正统和非线性的策略、探索新的和颠覆性的观点。更重要的是，学校要营造一种积极乐观的气氛，为学生提供各种实验工具，不过分重视作业的考核，能够容忍失败和重试。

24/7 的技术环境，为学习者创建泛在的技术接入，使学生随时随地都能接入技术。但学校的技术装备难以跟上学习者对技术环境的需求，因此美国推行了 1∶1 数字学习项目，2003 年 4% 的美国学区（school district）实行了 1∶1 数字学习项目，自 2006 年以来，24% 的学区已经或正在推行 1∶1 数字学习项目。[③]

二　未来教室

新加坡“智慧国 2015（iN2015）”计划举世闻名，在早稻田大学发布的世界电子政府研究排名报告中，新加坡政府连续四年蝉联

---

① A. Wigfield, J. Eccles & D. Rodriguez, “The Development of Children's Motivation in School Contexts”, *Review of Research in Education*, Vol. 23, 1998, pp. 73 – 118.

② L. S. Vygotsky, *Mind in Society*: *The Development of Higher Psychological Processes*, Cambridge, MA: Harvard University Press, 1978, M. McCaslin & T. L. Good, The informal curriculum. In D. C. Berliner & R. C. Calfee (eds.), *Handbook of Educational Psychology*, New York: Macmillanpp, 1996, pp. 622 – 670.

③ T. Greaves & J. R. Hayes, “America's Digital Schools 2006: A Five-year Forecast”, *The Hayes Connection and the Greaves Group*, Vol. 15, 2006, Retrieved December 1, 2007, from http://www.ads2006.org/main/index.php.

全球电子政府榜首。在教育领域，新加坡教育部，推出新加坡“未来学校”计划；南洋理工大学国立教育学院（National Institute of Education），分别于2005年和2008年建设了1.0和2.0版本的未来教室（Classroom of the Future，简称COTF），目前已是3.0的版本，目的是倡导全球的教师和教育领导人为学生创造良好的学习体验，主张改变教学方式，给学生更多小组合作和互动的学习机会，使学生成为主动的学习者。设计未来教室，他们秉承“处处是学习场所，力求使学习不受时间和空间限制”的理念，未来教室的主要特点包括：(1) 为学生提供个人电子书包，把学习与生活真正融合起来。(2) 未来教室也是情景教室，设置了五个情景，包括社交吧台、自然实验室、角色教室、会客厅和特色教室。(3) 运用桌面设置的触控大屏幕，学生只要把电子书包放在触控式大屏幕桌面附近，电子书包就和大屏幕自动链接，学生可以在虚拟的真实场景中与其他学生交流，或者可以接受教师的远程指导，完成教师布置的作业。(4) 未来教室3.0的另一个特点在于非常强调即时互动和合作学习，身处在不同国家的学生，可通过视频跟其他国家的学生一起呈现作业内容；学生通过互动式桌面显示系统把各自收集到的资料相互传阅。未来教室3.0也展出了一些目前还不存在的技术，如输入图片或文章就能启动、整理和分析搜索资料的搜寻引擎。①

加拿大多伦多大学Jim Slotta的团队在WISE开发和研究的基础，充分利用平板技术和脚本语言，开发了SAIL智慧空间（SAIL Smart Space）。使用移动设备或手持设备、触摸式界面、手势接口等，使学生可以在挥手或摇手之间完成自然的人机交互，学习者可以在智慧空间内，随心所欲地实现知识的建构和处理。SAIL智慧空间设计的基本理念是解放教师，促进灵活的教学法的实施，充分

---

① “National Institute of Education's Classroom of the Future Project (n.d.)”, Retrieved September 15, 2012, from http://cotf.nie.edu.sg/.

支持学生之间的协作，完美实现技术、教学法和学习共同体的积极交互。[①] SAIL 智慧空间如图 2—5 所示，每个小组配备电子设备和共享屏幕，每个学生都可以实时对屏幕的内容进行交互，该团队在设计智慧空间时最大的亮点在于使用脚本（Script）的方法和课堂交响乐（Orchestration）的理念促进小组间的合作探究和协同知识建构。[②] 与此同时，该团队分析了学生贡献的聚合和可视化对课堂内协作问题解决的支持作用，试图使课外学习和课堂内学习建立联系。[③] 研究结论表明智慧教室内的技术能够记录和聚合学生数据，能够以教师和学生喜欢的方式来呈现信息及其关系，能够通过表征小组同学间对任务的贡献来促进合作问题解决，同时小组学习结果的可视化对教师掌握各组知识状态也很有帮助。

图 2—5　SAIL 智慧空间模拟图

---

① Slotta, J. I. M., "EVOLVING THE CLASSROOMS OF THE FUTURE: The Interplay of Pedagogy, Technology and Community", 2010, In Classroom of the Future, Orchestrating Collaborative Spaces, pp. 215 - 242.

② M. Lui, M. Tissenbaum & J. SlottaScripting, "Collaborative Learning in Smart Classrooms: Towards Building Knowledge Communities", In CSCL, 2011, Retrieved from http://surfacelearning.org/uploads/29/LuiTissenbaumSlotta_ CSCL2011Proceedings.pdf.

③ M. Tissenbaum, M. Lui & J. Slotta, "Co-designing Collaborative Smart classroom Curriculum for Secondary school science", *Journal of Universal Computer Science*, Vol. 18, No. 3, 2012, pp. 327 - 352. Retrieved from http://jucs.org/jucs_ 18_ 3/co_ designing_ collaborative_ smart/jucs_ 18_ 03 _ 0327_ 0352_ tissenbaum.pdf.

我国台湾当局于2008年发布了最新的中小学信息教育文件，提出了中小学信息化教育的愿景、目标、推动策略及行动方案。于是在资策会、教育部、经济部以及电信公司的合作下，建立了信息技术与教学内容融合、师生双向e化互动、教学资源可通过网络分享的“未来教室”。

“未来教室”跟传统教室最大的不同，就是用技术打破学习时间和空间的限制，更强调学生学习的主动权。[①] 资策会数字教育研究所副所长林立杰指出，未来教室建设首先是硬件环境的建设，也就是教室内必须提供师生使用的设施，如平板电脑、触摸式计算机、交互式电子白板或触控屏幕，以及无线网络环境；其次是教学软件与内容，以及优质教学情境的构建，甚至可以让不同地区的老师和学生通过视频会议等形式进行协同教学或合作学习。同时需要对教师进行培训，使其具备良好的信息素养，以便培养学生利用信息技术进行自学的能力。[②] 总结起来就是硬件环境、软件内容、教学方法、教师培训以及学生的自学能力五个基本元素。

台北市南湖小学建设的未来教室是台湾地区的第一所未来教室，其目的是适应新型学习者的学习需求，倡导一种不同于一般教室的学习形态。通过数字技术营造弹性可变的学习体验情境和空间，开展探究学习、合作学习、基于真实情境的学习、互动学习、移动学习、远程学习等技术促进的学习方式。“未来学校”的计划，把“信息随处可得”“学习无所不在”“教学多元创新”作为建设该校的基本原则，通过营造技术丰富的学习情境，为教师使用信息通信技术创新课堂教学模式创造便利的条件，鼓励有创新精神的教

① 施君兰：《全球第一所“未来学校”——中仑高中圆了比尔·盖兹的梦》，《天下杂志》2005年第326期。

② 张德厚：《创造多元学习环境“未来教室”提升师生互动》，2010年10月20日（http：//tw. news. yahoo. com/article/url/d/a/100216/1/20mga. html）。

师创造并使用适合数字一代学习者的教学模式，充分发挥技术的优势增强教学有效性，同时通过创新的教学法逐步提高学生自我导向学习能力和合作学习能力。

庄思筠、赖阿福、冯清皇在总结关于未来教室的研究后，指出未来教室的建设，首要目标都是想通过传统教室环境的改变来改变当前传递—接受式的教学模式，由于传统教室的教学大多是老师对学生单向式的传受，互动形式大多是问答、作业往返，缺乏通过信息技术促进的互动学习模式，在此基础上他们提出了普通教室、多媒体教室和未来教室的区别，如表2—3所示。①

表2—3 **普通教室、多媒体教室和未来教室**

项目	普通教室	多媒体教室	未来教室
设备	课桌椅、黑板	课桌椅、单个投影机、个人计算机、实物投影机	液晶屏幕，多台教师用计算机，学生群组计算机，实物投影机，网络摄影机，有线，无线网络
教师教学	讲述较多	多媒体、电子书、网络	多媒体、电子书、数字笔、网络教材、游戏
学生学习	听、读、写	除了听读写，还会多加入网络搜寻、运用多媒体报告或写作业	多媒体作业、多媒体评价、合作学习、同伴互助
评价	纸笔评价较多	纸笔评价、形成性评价、多元评价	纸笔评价、形成性评价、多元评价、游戏式评价、数字笔记录历程

① 庄思筠、赖阿福、冯清皇：《数位化未来教室之探讨》，《国教新知》2011年第58卷第1期。

Future Classroom 既可以翻译为未来教室，也可以翻译为未来课堂，从中文字面意思理解，前者侧重于物理环境的构建，后者侧重于教学方法的创新。2001 年，上海的吴国丽老师开启了未来课堂的思考，指出未来课堂需要重视现代教育科学、心理科学和信息科学技术的综合和相互渗透，以信息技术教育为切入点，激发学生学习兴趣；以关爱学生为出发点，建立新型师生关系；以课堂为中心，促进学生的全面发展。[①] 自 2009 年起，华东师范大学张际平教授团队陆续发布了一系列有关未来课堂设计、定位、互动形式和特征的研究成果，提出未来课堂是在以人本主义和环境心理学等相关的理论和信息、智能、人机交互等技术支持下，研究如何充分发挥课堂各个组成要素的作用，以互动为核心，旨在构建充分发挥课堂主体的主动性、能动性以及和谐、自由发展的教与学的环境与活动。[②] 未来课堂从改革传统课堂的目标出发，主要关注课堂的物理架构、课堂的信息装备、课堂的智能设计等要素，也试图从物理和虚拟相结合的双课堂的角度思考课堂形态。人性化、混合性、开放性、智能性、生态性和交互性是未来课堂的主要特征，未来课堂的功能模型、空间设计、规范与标准以及互动教学实践研究是几个关键的研究问题。[③] 未来课堂的互动形式多样，主要包括人与人之间的互动、人与环境之间的互动、人与资源之间的互动、人与技术之间的互动、技术与技术之间的互动、技术与环境之间的互动、资源与资源之间的互动等多种形式。可见，未来课堂的核心观点就是通过改造和建设现有的物理环境，改善枯燥和教条式的课堂教学现状，从而使课堂学习活动富有生命活力，让学生在课堂上好学、乐学，以便实现以人为本的培养目标。课堂物理环境不仅需要考虑教室空间的

---

① 吴国丽：《关于未来课堂的思考》，《上海教育科研》2001 年第 3 期。

② 张际平、陈卫东：《教学之主阵地：未来课堂研究》，《现代教育技术》2010 年第 10 期。

③ 陈卫东、张际平：《未来课堂的定位与特性研究》，《电化教育研究》2010 年第 7 期。

布局、温度和湿度的调节、声音和光线的舒适度等，还要方便教学活动的灵活组织与实施。

三 小结

技术正在逐渐改变和塑造学校环境。① 不管你愿意或者不愿意，技术已经在那里了；技术已经改变了教室的环境，并将继续影响教室环境的改变。如何充分发挥技术的最佳作用，改善教室环境，进而提高课堂教学效率和效果，提升学生的学习体验和学习结果，是智慧教室研究的重心。北卡罗来纳大学 SCALE-UP 项目、MIT 的 TEAL 项目对教室的座位布局的设计，技术环境的构建，以及与新型教室环境相匹配的教学法和教学材料的准备等方面进行了设计，结果证明这种新型的教室环境能提高学生的满意度，提升学生的学业成绩。这两个项目中，教室座位布局的方案和课堂互动的方法最值得参考，然而这两个项目的研究并非严格的实验研究，研究过程中的变量包括了新的教室环境、新的教学法甚至新的教学材料，很难判断教室环境对学生学业成绩和学生满意度的作用程度，Carmean 和 Harfner 的深层学习原则是课堂教学过程中教师应该重视的教学策略。

新加坡南洋理工大学的 COTF 项目和苹果明日教室 $ACOT^2$ 项目都试图利用最新的技术为学生创造可以随时接入网络、高互动的学习空间，其中 $ACOT^2$ 的六大设计原则，为教室环境设计、课程内容设计和学习活动设计提供了基本框架。我国台湾地区的未来教室的相关研究和实践，除了重视教室物理环境的搭建之间，还更关注如何在教室环境改变之后，使学与教的方式真正发生改变；并为每个教师配备了指导教师，帮助教师改变传统的教学方法，从而实现了

① M. S. Spurgeon, H. L. William & S. Dornbusch, "Plugged In To Comfort", *American School and University*, Vol. 71, No. 1, 1998, pp. 46a – 46d.

学生学习效果的提升。正如托马斯·弗里德曼在其著作《世界是平的》一书中指出的：只单独引进技术是远远不够的，只有当新技术与新的做事情的方法结合起来的时候，生产力方面巨大的收益才会来临。[①] 教室环境的改变必然要和新的教学方式和新的学习方式结合起来，教师的教学效率和效果才能获得巨大的提升。这是一项系统工程，仅仅研究教室环境的改变是单一的，也是难以持久的，必须把教室环境的改变和与之对应的教学方法和学习方法结合起来研究，才能促进学习效果的显著提升。

目前关于未来教室设计的研究较多，然而对未来教室评估的实证研究相对缺乏；尽管有些项目采用学生学业成绩和学生的满意度来评估教室环境，但是这些研究并没有揭示出未来教室的设计要素与教师的教学活动和学生的学习活动之间的关系。

第三节 课堂环境的研究方法

课堂环境的研究发端于20世纪30年代，其主要目的之一就是揭示课堂环境与学生发展的关系，[②] 以便通过改变教师行为和改善教学方式来影响课堂环境，进而促进学生发展。1984年美国教育研究联合会（American Educational Research Association，简称AERA）成立专门的学习环境兴趣小组（Special Interest Group，简称SIG），这也是现在AERA最有国际影响力和最成功的SIG之一，成为课堂环境研究的第一个里程碑。课堂环境研究的第二个里程碑是1998年《课堂环境研究》（*Learning Environments Research*）刊物的出现，这填补了该领域的空白，也标志着该领域的研究越来越深入。课堂环境的第三个里程碑是2008年《学习环境研究进展》（*Advances in*

---

① T. Freidman, *The World is Flat*, New York: Farrar, Straus and Giroux, 2005.

② 陆根书、杨兆芳：《学习环境与学生发展研究述评》，《比较教育研究》2008年第7期。

Learning Environments Research）系列书籍的出版，该丛书描述了丰富的理论框架和研究方法。

纵观西方课堂环境研究的历史，可以分为两个截然不同的阶段。第一阶段的课堂环境研究是从20年代末开始，持续到60年代初，偏重于从教师行为分类角度去判断课堂环境；第二阶段的课堂环境研究是从60年代开始，延续至今，偏重于从学生对课堂一系列事件的知觉（Perception）来判断课堂环境，[①] 必须指出这些研究中所指的课堂环境主要指课堂的心理环境。这两个阶段对应于查韦斯（Chavez）对课堂环境研究方法的两种分类，低推理测量（Low Inference Measures）主要是第一阶段的研究方法，高推理测量（High Inference Measures）则主要是第二阶段的研究方法，是在第一阶段研究方法逐渐成熟基础上发展而来的。[②] 低推理测量往往从第三者的视角客观地观察、记录和分析课堂的环境要素，具体的指标通常是可观察的课堂教学行为或其他环境要素，典型代表是弗兰德斯的互动分析系统（Flander's Interaction Analysis System，FIAS）；高推理测量是通过调查和分析学生对课堂上经历的相关教学事件的主观判断和知觉感受来评价课堂环境，具体指标通常是被试对结构化的课堂教学事件的判断以及他对这些事件的感受，典型代表是这个时期的量表，如WIHIC。[③]

关于这两种研究倾向还有另外一种表达方式。低推论测量的方法又称为客观方法（Objective Approach），以系统记录和编码的方式，直接观察课堂内师生互动及教学相关事件；高推论测量的方法又称主观方法（Subjective Approach），使用课堂环境量表，调查教师和学生对课堂环境的感受。莫瑞（Murray）将以客观方法评测课

① 张引：《西方课堂气氛研究评述》，《外国教育研究》1989年第1期。

② R. C. Chavez, "The Use of High-inference Measures to Study Classroom Climates: A Review", *Review of Educational Research*, Vol. 54, 1984, pp. 237-261.

③ 孙汉银：《课堂环境研究范式的回顾与分析》，《教育科学》2010年第3期。

堂环境的方法称为 Alpha Press，将以主观方法评价课堂环境的方法称为 Beta Press。[①]

课堂环境研究早期，客观方法被研究者广泛采用，如用观察的方法来描述班级社会环境。客观的研究方法最早可以追溯到托马斯（Thomas）在 1929 年对课堂行为的研究，他认为课堂行为研究首先必须明确各种外显的行为指标，他主要关注教师和学生的行为以及课堂现象，而并不关注这些行为和事件背后的心理意义。其后，以安德森（Anderson）、梅德利（Medley）和弗兰德斯（Flanders）等为代表的学者沿着这一路线，在发展课堂行为观察方面做出了重大贡献。[②] 1950 年之后，大量关于课堂观察的研究不断涌现，陆续出现在教育研究的文献中，相关学者不断创新和探索系统性的观察指标和记录体系，并在课堂研究中验证其适应性。弗兰德斯（Flanders）1970 年提出的互动分析系统是其中一个典型代表，它主要分析课堂情境中师生双方所说的语言，运用一套代码系统（Coding System）来记录课堂中的师生口语互动情形，以分析教学行为，进而帮助教师改进教学行为。1975 年之后，众多学者开始对量化工具的“科学性”产生质疑，基于自然主义和解释主义的主观方法强势回归，即采用课堂环境量表（Scale/Inventery）来调查学生或教师对课堂环境的知觉和感受。尽管如此，客观的研究方法一直在发展，研究者开发了多种实用和有效的课堂观察工具。

主观方法的研究可以追溯到莫瑞（Murray）的“需求—压力模型”（Need-Press Model），莫瑞认为个体行为的决定因素包括内在因素和外在因素；内在因素是个体本身的“需求”，外在因素则为

---

① B. J. Fraser, “Science Learning Environments: Assessment, Effects and Determinants”, In B. J. Fraser & K. G. Tobin (Eds.), *The International Handbook of Science Education*, Dordrecht, The Netherlands: Kluwer, 2003.

② 孙汉银：《课堂环境研究范式的回顾与分析》，《教育科学》2010 年第 3 期。

环境给个体带来的“压力”；个体会依照本身的“需求”，对不同性质的环境“压力”做出反应。[①] 在同一时期，库尔特·勒温（Kurt Lewin）提出了场理论（Field Theory），他认为一个人的行为（B）取决于个人（P）和他所处环境（E）的相互作用，即 B = f（P·E）。[②] 他认为学生对学校环境中客观事实的感知（perception）是理解学生如何适应周围环境的关键。勒温所讲的环境主要指心理环境，并非我们普通意义上所理解的客观环境。在莫瑞和勒温研究的基础上，穆斯（Moos）于 1974 年提出可以用三个层面来表征环境：其一是人际关系（Relationship Dimension），其二是个人发展维度（Personal Development Dimension），其三是系统维持与改变层面（System Maintain and Change Dimension）。[③] 人际关系层面主要表征人们参与环境的程度以及人际间相互帮助和互相支持的程度，如亲和、教师支持、参与等；个人发展层面主要表征在一定的环境内，个体发展的方向和自我增强的目标，如竞争、目标取向等；系统维持与改变层面主要表征环境的规则性、有序性和秩序性等方面，如秩序与组织、规则、革新等。基于环境的三个层面，Moos 等人于 1974 年开发了“课堂环境量表”（Classroom Environment Scale）。[④] 在此之前，最早用于课堂环境评价的量表是在 1968 年由美国“哈佛物理学项目”的研究人员沃尔伯格（Walberg）和安德森（An-

---

① H. A. Murray, *Explorations in Personality*, NY：Oxford University Press, 1938.

② K. Lewin, “Field Theory and Experiment in Social Psychology：Concepts and Methods”, *American Journal of Sociology*, Vol. 44, No. 6, 1939, pp. 868 – 896. Retrieved from http：//www. jstor. org/stable/10. 2307/2769418.

③ R. H. Moos, “Systems for the Assessment and Classification of Human Environments：An Overview”, In R. H. Moos & P. M. Insel (Eds.), *Issues in Social Ecology：Human Milieus*, Palo Alto, CA：National Press Books, 1974, pp. 5 – 28.

④ R. H. Moos, *The Social Climate Scales：An Overview*, Palo Alto, CA：Consulting Psychologists Pres, 1974.

derson）编制的“学习环境量表”（*Learning Environment Inventory*）。[①] Aldridge 和 Fraser 提出开发“一个省时省力，并被学界广为接受的评量工具”是对课堂环境的主观研究方法对教育研究最大的贡献之一。[②] 下文将详述各种课堂观察工具和课堂环境测量工具。

一　课堂观察法

课堂观察是研究者带着明确的目的，凭借自身感官及有关辅助工具（观察表、录音录像设备），有计划地直接（或间接）从课堂上收集相关资料，并依据资料针对特定的研究问题进行分析。课堂观察的对象是教师和学生不断互动的复杂课堂，为了达到事先预定的观察目标，必须借助于一定的观察工具才能进行有效的观察记录。因此课堂观察工具的开发成了课堂观察这种研究方法的一个重要领域，根据不同的观察目标，产生了多种课堂观察工具。

在 20 世纪 70 年代，产生了大量的课堂观察工具，这一时期大约产生了 200 个有代表性的观察工具，大多来自美国，多数的观察工具关注和跟踪教师的课堂管理行为和教师与学生的课堂交互行为。[③] 这一时期的研究成果汇编成了一本 15 卷的百科全书，书名为《行为的镜子》（*Mirrors on Behavior*）。英国学者雷格（Wragg）在 1999 年出版的《如何进行教室观察》一书中，系统梳理了定性的课堂观察和定量的课堂观察，提出课堂观察具有较

---

① H. J. Walberg & G. J. Anderson, “Classroom Climate and Individual Learning”, *Journal of Educational Psychology*, Vol. 59, 1968, pp. 414 – 419.

② J. Aldridge & B. J. Fraser, “A Cross-cultural Study of Classroom Learning Environments in Australia and Taiwan”, *Learning Environments Research*, Vol. 3, 2000, pp. 101 – 134.

③ D. Hopkins, *A Teacher's Guide to Classroom Research*, Philadelphia: Open University Press, 2002, pp. 110 – 111.

强的主观选择性,[①] 因此在课堂观察过程中，必须注意观察的客观性和全面性。

进入20世纪以来，技术进入课堂，这一新的变量引入课堂之后，以前的课堂观察工具难以适应技术支持的课堂观察的需求，因此包含技术因素的课堂观察工具应运而生。各国的专家在实证研究的基础上，验证了自己提出的观察工具的可靠性和可信性。LTPT、UTAP和TELAR是其中三个有代表性的研究技术对课堂影响的观察工具。

LTPT（Learning with Technology Profile Tool），由美国中北地区教育实验室和中北地区教育技术联盟合作开发。课堂观察的指标主要包括学习观、任务取向、评估方式、教学模式、学习情境、分组情况、教师角色和学生角色等教学指标，还包括技术接入、可操作性、组织、投入、易用、功能丰富等技术指标。该工具采用4级量化，教师可以使用该工具进行课堂教学反思以促进专业发展。UTAPR（Utah Technology Awareness Project Rubrics），由犹他州教育联盟开发。主要关注通过教师的自我教学反思发展教师的教育技术能力，包括基本观念、生产力、信息化沟通能力、课堂教学、教育领导力、技术实施能力和技术检修能力等观察指标。TELAR（Technology-Enhanced Lesson Assessment Rubric），由宾夕法尼亚州立大学开发，是一款为PDA设计的应用程序，研究者可以使用PDA来记录课堂观察数据。主要关注课堂内技术的使用情况，包括技术使用是否合适、学生是否准备充分、学生使用技术能力、教师使用技术能力、学生对课堂目标的理解、完成任务的行为、生生交互质量、师生交互质量、技术的平滑使用、教师作为助学者、教师作为讲授者、满足学生的多样需求、高阶思维能力、技术问题和学

① E. C. Wragg, *An Introduction to Classroom Observation* (2nd *edition*), London: Routledge, 1999.

生参与等指标。

课堂观察是获取课堂教学和学习信息的一个重要手段；根据不同的研究目的，设定相应的观察指标，制定出具体的观察工具是开展课堂观察的基础；然而课堂观察涉及方方面面的信息，观察者为了记录数据，往往非常忙碌，可能造成信息的漏记和误记等现象。使用信息技术的手段，把课堂观察工具变成计算机程序，观察者只需点击鼠标记录要点，其他事情程序自动分析处理，这很大程度上减轻了观察者的负担，然而目前国内还很少有此类观察工具。

ICOT（ISTE Classroom Observation Tool）是国际教育技术协会（The International Society for Technology in Education，简称 ISTE）于 2008 年开发的一个课堂观察工具，是一个使用 Excel 宏命令的计算机程序，实现了利用信息化的手段开展课堂观察。2012 年 8 月已经更新至 3.1 版，如图 2—6 所示。

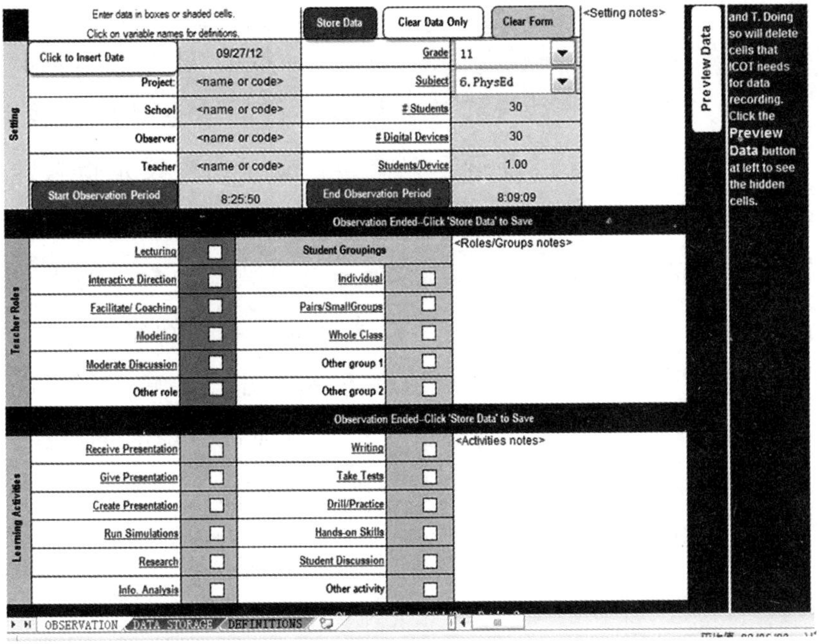

图 2—6　ICOT 课堂观察工具 V3.1

ICOT 工具的使用主要基于几个假设：（1）技术与课堂的整合要求把技术工具作为常规来处理学习和教学任务；（2）基于此，技术与课堂整合可以从各种学习任务的功能、技术使用的频率、技术使用的时间和技术使用的合适性等方面进行评价；（3）技术可以和多种教学方式和学习行为整合（例如：在技术与课堂整合时，建构主义教学方式和讲授式的教学方式都能够实现完美整合，没有孰优孰劣之分）；（4）美国教育技术标准之学生标准（NETS for Students 2007）提供了可用的最好的技术与课堂整合的框架；（5）教师的课堂教学如能契合 NETS 指标，则能为学生创造良好的学习体验，并能刺激和鼓励学生合理使用技术。

使用 ICOT 工具观察时，从教师的角色、分组情况、学习活动、技术使用的必要性、教师和学生使用的技术（包括硬件和软件）、美国国家学生技术标准（NETS for Students）六个指标进行观察和记录，每隔 3 分钟记录一次。

教师的角色包括讲授、交互式讲授、帮助/辅导、示范、指导讨论和其他。讲授是指教师直接把讲授的信息呈现给学生，这个过程中没有交互或者很少有交互。交互式讲授是指教师一边把信息呈现给学生，一边提问，以便使学生回忆先前知识或者激发学生的批评性思维。帮助/辅导是指教师为学生的正在进行的学习活动提供指导。示范是指教师演示某一动作或者程序，和讲授的不同在于，教师是演示而不是用语言讲解。指导讨论是指教师指导学生和学生之间的讨论，以促进讨论的更加深入。如果教师的角色和以上五种无关，则选择其他。

分组情况包括个人、小组、班级、其他组 1、其他组 2。个人是指学生独自完成学习任务，不管课堂是否有分组，是否和小组同学坐在一起。小组是指学生在一起工作，以完成学习任务。班级是指全班同学一起听讲。

学习活动包括听讲、模拟仿真、信息搜集、信息处理、演讲、制作演示材料、写作、考试、练习、操作、讨论。听讲是指被动接受教师或同学传递的信息；演讲是把学科知识讲给听众；制作演示材料是指为了和听众交流而进行的准备信息的工作；模拟仿真是指学习网络可视化或多媒体教程，信息搜集和信息处理都是学生探究活动的一部分；写作是可用的技术媒体包括 Word、PPT、WIKI、Blog、Email 或者其他文字处理工具。

ISTE 对教师的角色按照以学生为中心和以教师为中心进行了分类，对学生的学习活动按照学生主导和教师主导进行了分类，如表 2—4 所示。

表 2—4　　**教师角色和学习活动分类**

观察内容	教师角色和学习活动	类型
教师角色	帮助/辅导、指导讨论	以学生为中心
	讲授、交互式讲授、示范	以教师为中心
学习活动	听讲、演讲、制作演示材料、模拟仿真、信息搜集、信息处理、写作、讨论	学生主导
	练习、操作、考试	教师主导

教师和学生使用的硬件技术包括计算机、手持设备、演示系统、反馈系统、交互式白板、交互式视频会议、数码相机、传感器、计算器。学生和教师使用的软件技术包括数据分析软件、同步或异步交互软件、练习或考试软件、图像处理软件、学习管理系统、概念图软件、仿真软件、文字处理软件、浏览器。

ICOT 工具主要用来记录课堂中技术的使用情况和课堂教师的教学行为以及学生的学习行为，并可以根据记录的数据分析各个观察要素之间发生的伴随关系，进而为课堂技术使用和课堂环境构建提供建议。该工具对学习活动和教学活动分类记录的思想和具体分类，为本书中课堂教学行为的改变研究提供了重要参考；然而ICOT工具在经过笔者汉化和试用之后，发现在具体操作上存在一些困难，尤其是在学习活动、教学活动和技术使用目的进行归类的时候，两位观察人的意见经常会出现冲突；3分钟记录一次，时间间隔过长，是影响观察者判断的一个主要因素。

二 课堂环境量表

课堂环境研究对于教育研究最大的贡献之一，在于提供了教育研究方法：一个省时省力，并被学界广为接受的评量工具，[①]即课堂环境的测量工具。众多的研究者经过大范围的调查发现，经过信度和效度检验的课堂环境量表，能够预测学生的学业成就。对于课堂环境量表的开发和本地化被很多教育研究者关注，澳大利亚西澳教育学院的弗雷泽（Fraser）和美国伊利诺伊大学的沃尔伯格（Walberg）等人在课堂环境量表研究方面享有很高的声誉。

弗雷泽在“课堂环境的过去现在和未来”一文中，指出课堂环境测量的几种应用范围较广、影响较大的工具，即课堂环境评估（Classroom Environment Scale，简称CES）、学习环境量表（Learning Environment Inventory，LEI）、我的班级量表（My Class Inventory，简称MCI）、个性化课堂环境问卷（Individualised Classroom Environment Questionnaire，简称ICEQ）、教师互动问卷（Questionnaire on Teacher Interaction，简称QTI）、科学实验室环境量表（Science Laboratory Environment Inventory，简称SLEI）、建构主义学习环境调查

---

① J. Aldridge & B. J. Fraser, "A Cross-cultural Study of Classroom Learning Environments in Australia and Taiwan", *Learning Environments Research*, Vol. 3, 2000, pp. 101 - 134.

(Constructivist Learning Environment Survey，简称 CLES）以及课堂发生情况量表（What Is Happening In This Class，简称 WIHIC）。[①]每种量表分别从影响课堂环境的不同纬度进行问卷的设计，但都可归结到穆斯 1974 年提出的课堂环境的三种分类中，即关系维度、个人维度、系统维持和改变维度。几种量表的具体内容和比较如表 2—5 所示。

学习环境量表 LEI、我的班级量表 MCI 和课堂环境评估 CES 是针对以教师为中心的课堂设计的，与此不同的是，ICEQ 是第一个针对个性化学习的课堂环境而设计的；而 QTI、SLEI、CLES 和 WIHIC 四个量表在亚洲地区获得广泛的使用。

我国大陆的学者张引、屈智勇、田友谊、范春林、廖诗艳、陆根书和刘丽艳等对于已有研究做过有关的回顾和评述。辛自强等把教师互动问卷 QTI 进行了汉化，并对问卷的信度和效度进行了测试，证明教师互动问卷的可靠性和可信性。[②]

表 2—5 **常用课堂环境量表**

量表名称	作者	维度（按照穆斯 1974 的分类）		
		关系维度	个人发展	系统维持和改变
学习环境量表（LEI）	Fraser 等（1982）	凝聚力，冲突，偏爱，满意，冷漠，小团体	进度，困难，竞争	多样性，班规，物质环境，目标取向，组织散漫，民主
我的班级量表（MCI）	Fraser 等（1982）	凝聚力，冲突，满意	困难，竞争	

① B. J. Fraser, "Learning Environments Research: Yesterday, Today and Tomorrow", *Studies in Educational Learning Environments: An International Perspective*, 2002, pp. 1 – 25.

② 辛自强、俞国良：《教师互动问卷中文版的初步修订及应用》，《心理科学》2000 年第 23 卷第 4 期。

续表

量表名称	作者	维度（按照穆斯1974的分类）		
		关系维度	个人发展	系统维持和改变
个性化课堂环境问卷（ICEQ）	Fraser（1985）	人格化，独立性，参与，差别化/分化		
课堂环境评估（CES）	Moos等（1987）	教师支持，参与，亲和力	任务取向，竞争	秩序与组织，规则明细度，教师控制，创新
科学实验室环境量表（SLEI）	Fraser等（1992）	学生凝聚力	开放综合	规则明确 物质环境
教师互动问卷（QTI）	Wobbles等（1993）	友好/帮助，理解，不满，惩戒		领导，学生自主，严格
建构主义学习环境量表（CLES）	Taylor等（1997）	个人相关经验，不确定性	批判意见，分享控制	同学协商
课堂发生情况量表（WIHIC）	Aldridge等（2000）	学生亲和，教师支持，学生参与	探究，任务取向，合作	平等

随着技术进入课堂，关于技术支持的课堂环境的研究日渐兴起，把技术因素纳入课堂环境策略考虑的范畴之后，出现了技术支持的课堂环境的测量工具。主要包括建构主义多媒体学习环境调查（Constructivist Multimedia Learning Environment Survey，简称CM-LES），新课堂环境量表（New Classroom Environment Inventory，简称NCEI），技术丰富的以结果为导向的学习环境量表（Technology-rich Out-comes-focused Learning Environment Inventory，简称TROFLET），技术整合的课堂环境量表（Technology Integrated Classroom Inventory，简称TICI）等。如表2—6所示。

表 2—6　　技术支持的课堂环境量表

量表名称	作者	维度（按照穆斯 1974 的分类）		
		关系维度	个人发展	系统维持和改变
建构主义多媒体学习环境问卷（CMLES）	Maor，2000	同学协商（SN）	探究学习（IL），反思（RT），	真实情境（AU）和复杂性（COM）
新课堂环境量表（NCEI）	C. PAUL NEWHOUSE 2001	学生参与（IN），同学亲和（AF），教师支持（TS），	小组合作（GW）；竞争（COM）	规则与组织（OO）；教师控制（TC）；创新（INN）
技术丰富的以结果为导向的学习环境问卷（TROFLET）	Jill M. Aldridge 2004	同学亲和（SC），教师支持（TS），学生参与（IN）	探究（IV），任务取向（YO），合作（CO）	平等（EQ），因材施教（DT），计算机使用（CU），学风（Young Adult Ethos）
技术整合的课堂环境问卷（TICI）	Weishen Wu 2009	同学亲和（SC），理解和支持（UE）	探究学习（IL）；竞争和效能（CE）	技术增强（TE）；平等互助（EF）；视听环境（AE）；规则（OR）

CMLES 主要评价学生和教师对以探究和建构为特征的课堂环境的感知，是在建构主义学习环境量表 CLES 和计算机教室环境问卷的基础上发展起来的，主要包括同学协商，探究学习，反思，真实情境和复杂性等维度。其中真实情境和复杂性两个维度分别从多媒体学习环境在模拟真实的学习场景和提供数据的表征两个方面测量学生所感知的。

NCEI 是主要测量笔记本电脑对课堂学习环境的影响，包括 8 个维度：学生参与、同学亲和、教师支持、小组合作、竞争、规则与组织、教师控制和创新。创新和小组合作两个维度是为了测量教师使用技术促进学生创新思维和合作学习的尝试。

TROFLET 是在课堂发生情况量表 WIHIC 的基础上发展而来的，

重点关注学习环境的技术和结果维度。该问卷包含 10 个维度：同学亲和、学生参与、教师支持、探究、合作、任务取向、学风、平等、因材施教和计算机使用。其中学风和计算机使用两个维度是在课堂发生情况量表 WIHIC 基础上增加的维度，学风测量教师以青年成人来对待学生和学生自我负责的情况，计算机使用主要测量学生使用计算机获取信息和与人交流的程度。

TICI 主要增加物理环境的要素，Weishen Wu 等认为课堂环境的量表多侧重于社会和心理环境的测量，而忽视了物理环境的要素。据此他们在考虑物理环境和技术的影响的基础上，制定了技术整合的课堂环境 TICI，包括同学亲和、理解和支持、探究学习、竞争和效能、技术增强、平等互助、视听环境、规则八个维度。

三 小结

研究课堂环境的最基本方法是课堂观察法和课堂环境量表，分别属于质性和量化研究方法；经过信度和效度验证的多种课堂观察工具和课堂环境量表从不同的角度和侧面研究课堂内发生的真实情况，为研究者提供课堂内微妙的信息和数据。课堂环境的研究方法经历了从质性到量化再到质性的螺旋式上升过程，然而目前关于质性和量化相结合的课堂环境研究仍然较少。

观察者根据不同的观察目的，使用特制的课堂观察工具，深入教学现场，采集与研究目标相关的变量数据，这样能够深入记录课堂中的各种要素，以便分析其关系。研究者根据不同的目的开发了多种观察工具，制定了具体细致的观测点，为了解课堂内要素之间的关系提供了重要的价值。技术引入教室之后，关于技术促进的课堂观察工具，从技术作用的视角重新考察课堂内要素的关系，促进了课堂内技术使用的评估和改进。同时信息技术为课堂观察插上了翅膀，基于计算机的课堂观察工具能减轻课堂观察者的负担，增加观察数据的可靠性。国外信息技术支持的课堂观察工具主要有eCOVE和ICOT等，国内相关信息化课堂观察工具还较少。ICOT工具主要为研究课堂技术使用与各种教学活动和学习活动的关系，教师角色、教学活动和学习活动的分类以及记录方式为本书提供了重要借鉴。

课堂环境量表主要是测量学生对课堂经历的一系列事件的感知，国内外大量研究表明课堂环境量表能够预测学生的学业成绩，也就是说利用经过信度和效度检验的量表调查学生对课堂环境的感知能够预测学生的学业成绩。WIHIC是使用范围最广的课堂环境量表，主要测量学生对于自主、合作和探究的课堂氛围所持的态度，能够比较深入地了解学生对于课堂环境的感知，是研究课堂环境的重要工具，为本书研究考察课堂社会心理环境提供了重要参考。

面向数字一代学习者的课堂环境的考察需要综合使用观察法和量表法。观察法能够根据观察工具真实记录课堂内发生的各种行为和时序关系，但不能了解学生对于这些行为和事件的感知和态度；课堂环境量表能了解学习者对课堂内经历的一系列事件的感知，但无法真实还原了解课堂内的教师行为和学生行为。因此面对复杂的课堂环境，两种研究方法需要结合使用。

结合文献分析，借鉴ICOT和TELAR的课堂观察工具的具体指标，本书将从教师行为、学生行为及技术作用等方面，设计课堂观察的记录指标；同时针对课堂物理环境和社会心理环境，借鉴WIHIC和TICI的内容，开发技术促进学习的课堂环境量表。

第三章

数字一代学习者偏好的学习方式研究

不同的专家对学习方式可能会有不同的解读，但大体都基于一个假设，即如果学习者不能按照他们偏好的学习方式接受信息，学习就会低效或无效。[①] 反之，如果信息呈现方式能够与学习者偏好的学习方式相匹配，则学习就有可能会变得投入和高效。因此本章试图厘清国际上关于数字一代学习者的各种术语和研究进展，鉴别数字一代学习者的特征，并在大规模调查和访谈的基础上分析数字一代学习者偏好的学习方式。

第一节　数字一代学习者

一　相关术语溯源

社会信息化是指信息通信技术的广泛使用正在影响和改造社会的生活方式和管理方式，使社会结构和国民经济的重心从原来的物理空间向虚拟的知识空间转移，其实质是在社会生活的各个方面广泛应用信息通信技术和传输手段，全面变革社会的生活方

① H. Pashler, M. McDaniel, D. Rohrer & R. Bjork, "Learning styles: Concepts and evidence", *Psychological Science in the Public Interest*, Vol. 9, No. 3, 2008, pp. 105 – 119.

式与管理方式的过程，社会信息化正在改变人们的生活方式、工作方式和学习方式。[①] Cole、Steptoe 和 Dale 指出每一代人都受到技术的影响，但年轻一代接受技术和使用技术的方式往往超乎上一代人的预期。[②]

近年来国际上有学者提出因为当今的年轻一代是在网络和数字环境下成长起来的一代，造就了他们对技术的天然敏感，因此他们的思维方式发生了变化，他们的学习方式也和前一代有很大不同，进而他们对学习和生活的期望也发生了改变。

在数字化环境中成长起来的数字一代学习者，主要有"千禧一代""网络一代""数字土著"和"Y 一代"等术语。最早提出与年轻一代相关的术语的是豪和斯特劳斯（Howe and Strauss），1991 年在他们的联合著作《代际理论》（*Generations*）一书中提出，出生在 1982 年到 2000 年之间的一代为"千禧一代"（Millennials）；[③] 2000 年豪和斯特劳斯在《千禧一代崛起：下一个伟大的一代》（*Millennials Rising*：*The Next Great Generation*）中，指出千禧一代正在进入大学，他们充满了个性，他们比任何时代的人都更明白自己的需求，"乐观、团队合作、遵循规则"是他们的主要特征。[④] Oblinger（2003）则认为千禧一代应该是从 1982 年到 1991 年出生的一代，指出他们对学习环境提出了新的诉求，当今学校提供的学习环境很难满足学习者对于新的学习环境的期待，因此学校应该理

---

① 黄荣怀、陈庚、张进宝等：《论信息化学习方式及其数字资源形态》，《现代远程教育研究》2010 年第 6 期。

② W. Cole, S. Steptoe & S. S. Dale, "The Multitasking Generation", *Time*, Vol. 167, No. 13, 2006, pp. 48 – 55.

③ N. Howe & W. Strauss, *Generations*: *The History of America's Future*, New York: Quill.

④ N. Howe & B. Strauss, *Millennials Rising*: *The Next Great Generation*, New York: Vintage Books, 2000.

解学习者，并针对新型学习者的特征来设计学习环境、课程和教学。①

1993 年 Ad Age 杂志的主编第一次使用“Y 一代（Generation Y）”，用来描述出生于 1982 年至 2000 年左右的年轻一代。“Y 一代”是相对于“X 一代”而提出来的。“X 一代”指出生于 20 世纪 60 年代早期到 80 年代早期的一代，也常被称为“MTV 一代”，是伴随着音乐电视的兴起成长起来的一代，具有多元化和包容性的特征。“Y 一代”是伴随着手机、笔记本电脑（laptops）、因特网、iPad、运动型多功能车、自动取款机等技术设备成长起来的，他们擅长使用技术，自信，善变，追求自我，崇尚个性；从小娇生惯养，对父母依赖性很强；他们的价值观和行为方式与他们的父母 X 一代有很大不同。

“千禧一代”和“Y 一代”都是从世代的角度，描述一代人的整体特征，两个术语所指的群体基本一致，都是出生于 1982 年至 2000 年的年轻一代。

1997 年塔普斯科特（Don Tapscott）在《数字化成长的网络一代》（*Growing Up Digital*: *The Rise of the Net Generation*）一书中，② 提出了“网络一代”（Net Generation）是伴随着数字媒体长大的一代。他认为计算机、网络和其他数字媒体的出现对人们的生活和行为方式产生了重大影响，并提出“网络一代”是 1977 年 1 月到 1997 年 12 月出生的一代。③ 塔普斯科特观点的一个重要特征是他认为数字一代学生的学习态度和学习方式发生了变化，并试图去描

① D. Oblinger, “Boomers, Gen-Xers and Millennials: Understanding the New Students”, *Educause Review*, Vol. 38, No. 4, 2003, pp. 37 – 47.

② D. Tapscott, *Growing Up Digital*: *The Rise of the Net Generation*, New York: McGraw-Hill, 1998.

③ D. Tapscott, *Grown Up Digital*: *How the Net Generation is Changing Your World*, New York: McGraw-Hill, 2009.

述这种变化，指出“网络一代”的学生喜欢碎片化学习，喜欢使用新媒体，喜欢高水平的社会交互；他倡导教育需要从以教师为中心的方式向以学生为中心的方式转变，需要在凸显教师课堂上促进作用的同时，更强调学生的个体行为在学习过程中的重要作用，更强调合作对学习的促进作用。

2001 年 Marc Prensky 提出了“数字土著”（Digital Native）和“数字移民”（Digital Immigrants）的概念，指出当今的学生，由于其生活在数字化的环境中，他们的生活方式与上一代有很大不同，学习方式也有很大变化，甚至思维模式已经发生根本性的改变，他们是“数字土著”的一代，他们的老师则是“数字移民”。他认为因技术环境的发展和变化，“数字土著”的学习态度和学习方法发生了变化，甚至他们大脑的物理结构也发生了变化。[①] 他们能迅速地获取和接受信息，喜欢图表化的视觉呈现，擅长同时处理多种任务，喜欢随机进入知识链接（像超文本一样）。[②] Prensky 指出当前教育面临的主要问题就是“数字土著”和“数字移民”这两代之间因为技术使用带来的差异。2010 年 Marc Prensky 在《数字土著的教育》（*Teaching Digital Natives*）一书中指出技术的发展为人们的日常的生活和工作带来了巨大的变化，也必将为教育带来巨大的变化；然而今天我们还没有看到这种变化的发生，教育的变革的步调没有跟上时代的发展。[③]

“网络一代”的提出者 Don Tapscott 是未来学家和顶级科技作家，“网络一代”主要从网络技术的角度来看待技术对个人行为方式的影响；“数字土著”的提出者 Marc Prensky 则是著名的演讲家、

---

① M. Prensky, “Digital Natives, Digital Immigrants”, *On the Horizon*, Vol. 9, No. 5, 2001, pp. 1 – 6.

② M. Prensky、胡智标、王凯：《数字土著数字移民》，《远程教育杂志》2009 年第 2 期。

③ M. Prensky, *Teaching Digital Natives: Partnering for Real Learning*, London: Sage Publishers, 2010, p. 10.

作者和教育顾问，“数字土著”的概念主要从数字技术的角度来区分“亲”技术的一代（“数字土著”）和排斥技术的一代（“数字移民”）。

二 数字一代学习者的争论

以上四个术语的作者提出了一个话题，即成长于网络和数字环境的一代年轻人，他们的思维方式，学习方式和生活方式发生了很大变化，所以他们对于学习的期待也因此而不同。

Howe 和 Strauss 指出千禧一代具有特立独行、技术自信、团队合作、传统、有压力感、有目标意识和受到保护等典型特征。[①] Prensky 指出数字土著一代喜欢使用技术，能迅速地使用技术获取和接收信息，他们擅长同时处理多种任务，喜欢图形化表达的信息，具有很强的个性，经常以团队合作的方式完成任务。[②] Prensky 更是提出今天学生的大脑结构已经发生了物理性的改变，“数字土著”的思维模式和信息处理的方式发生了根本性的变化，而这一变化主要是技术使用所导致的。[③] Dede 持同样的观点，认为技术正在重塑各个年龄阶段学生的思维倾向，他指出当代学生具有新千禧（neo-millennial）的学习风格。[④]

Tapscaott 指出“网络一代”具有一些共性的特征，包括喜欢快速接收信息、依赖信息通信技术、经常多任务工作、难以容忍课堂

---

① N. Howe & W. Strauss, “Generations: The History of America's Future, 1584 to 2069”, HarperCollins, 1992.

② M. Prensky, “Digital Natives, Digital Immigrants”, *On the Horizon*, Vol. 9, No. 5, 2001, pp. 1 –6.

③ M. Prensky, “Digital Natives, Digital Immigrants, part 2: Do They Really Think Differently?”, *Horizon*, Vol. 9, No. 6, 2001, p. 6.

④ DedeC, E. Dieterle, J. Clarke, D. Ketelhut, B. Nelson, “Media-based LearningSstyles: Implications for Distance Education”, In MooreMG (Eds.), *Handbook of Distance Education*, *2nd edn*, Lawrence Erlbaum Associates, Mahwah, 2007.

灌输、喜欢积极的学习方式等，他们喜欢微型学习、新媒体和强社会交互的学习。[①] Brown 在总结相关研究的基础上指出网络一代的 9 个典型特征：喜欢小组合作、以目标和成就为导向、多任务处理、试误、高度依赖网络、强交互、重视觉体验、多元文化包容、实用主义。Berk 把网络一代典型特征扩展至 20 个：技术控、用搜索引擎来获取信息、对媒体感兴趣、创建互联网内容、快速操作、以探究的方式学习、以试误的方式学习、多任务处理、注意时间短（shorten attention span）、虚拟环境下的社交、渴望面对面的社会交互、感情开放、包容多样性和多元文化、喜欢小组合作、努力适应社会、感到成功的压力、喜欢得到及时的反馈、喜欢获得即时的满足、能即时回应也希望获得及时回应、喜欢打字而不喜欢手写。[②] "网络一代"对教育的启示是研究者关注的一个焦点，Tapscott 在《教育网络一代》（*Educating the net generation*）一书中反复强调课堂要从以教师为中心向以学生为中心转变，教师在课堂上的角色是引导者和促进者，负责创造和建构具有生命力的课堂，负责为学生提供个性化的学习体验。这些教育思想在 1999 年时并不是最新的，然而以数字一代学生作为教育变革动力的思想是当时首次提出。

从以上分析可见，以 Prensky 和 Tapscott 为代表的一些研究者从人口学的角度和技术作用的角度，提出当今的学习者具有不同于以往学习者的特征，并指出了其教育意义。对数字一代学习者特征的描述一般从认知方式和社会性两个方面描述。认知方面，主要从思考和处理信息的方式，如能够同时平行处理多个任务、更喜欢图像的表征方式、喜欢利用技术解决问题等；社会性方面，主要从合

---

① D. Tapscott, "Educating the Net Generation", *Education Leadership*, Vol. 56, No. 5, 1999, pp. 6 – 11.

② R. A. Berk, "Teaching Strategies for the Net Generation", *Transformative Dialogues: Teaching & Learning Journal*, Vol. 3, No. 2, 2009, pp. 1 – 23.

作和与人交往的意愿，如喜欢新媒体和强社会交互的学习、渴望面对面的社会交互、能即时回应也希望获得及时回应等。当前关于数字一代学习者特征的五个方面的研究正在兴起：（1）从学习心理的角度去探讨学生的认知风格是否发生了变化；（2）从神经生物学的角度去探索学生的脑部结构是否发生了变化以及思维方式是否因刺激的不同而发生了改变；（3）从社会心理学的角度来探索在数字环境中成长起来的学生是否发展了超媒体思维；（4）从社会称许的角度来探讨学生期望和家长期望是否存在矛盾；（5）从技术依赖的角度研究学生目前在使用技术时是否对技术产生了依赖以及过度依赖产生了哪些不良结果。

然而 Prensky 提出"数字土著"和"数字移民"的概念，激发了国际上关于数字一代学习者的论战。以 Prensky 和 Tapscott 为代表的激进派认为数字土著和网络一代具有明显区别于上一代学习者的特征，他们偏好的学习方式包括用技术、多任务、爱分享等；而以 Bennett 和 Jones 为代表的反对派提出当代学生在使用技术的方式和偏好上存在很大的差异，如果一概而论，就显得非常武断，他们呼吁更多的实证研究来明确技术对学生的影响。①②

Bennett 通过对大学生的调查研究指出有些技术被广泛使用（如移动电话），而有些技术未被广泛采用（如 RSS 和其他的社交媒体），不同年龄、性别和社会经济背景的学生在使用技术方面存在差异，他们使用技术的能力、知识和兴趣的差异较大。而且年轻人使用技术的知识和技能水平与我们对"数字土著"的期待也有较

① S. Bennett & K. Maton, "Beyond the 'Digital Natives' Debate: Towards a more Nuanced Understanding of Students' Technology Experiences", *Journal of Computer Assisted Learning*, Vol. 26, No. 5, 2010, pp. 321 – 331. doi: 10. 1111/j. 1365 – 2729. 2010. 00360. x.

② C. Jones, "The New Shape of the Student", In R. Huang & J. M. Spector (Eds.), *Reshaping Learning SE – 4*, 2013, pp. 91 – 112. Springer Berlin Heidelberg, doi: 10. 1007/978 – 3 – 642 – 32301 – 0_ 4.

大差距。基于调查的结论，Bennett 指出，只有一小部分人群可以称为数字土著，而且这些“数字土著”使用技术的熟练程度差异也很大，使用技术的方式和偏好都存在巨大差异，并非像 Prensky 所称的，“数字土著”对于技术有一种天生的能力。[①②]

Jones 作为《学习、媒体和技术》（*Learning*, *Media and Technology*）杂志 2010 年第四期关于数字一代学习者（*New Generation of Learners*）专刊的主编，在当期的引言中吹响了论战的号角。[③] 他在文中指出“数字土著”的提法是技术决定论者对技术作用的肆意夸大，所谓的“数字土著”是一个能够便利接入技术的群体，并不能代表一代人，即便是数字土著也未必具有很强的技术能力。利用“数字土著”来倡导教育变革，要求学校改变、教师改变和教学方法等都统统改变的思潮是值得我们深思熟虑的，同时 Jones 也为一些政府草率采纳“数字土著”的提法表示担忧。但 Jones 并不否认技术对年轻一代的影响，只是这种影响是多样的、综合的和复杂的，需要更多的研究去探索技术对学习者影响的方式。在最近的书稿中，Jones 指出“数字土著”提法的最大问题是采用割裂的观点来理解学生的发展，认为“数字土著”和“数字移民”是截然对立的两个群体，并固执地认为“数字移民”不能通过学习转变成“数字土著”。

通过分析可见，国际上对数字一代学习者争论的焦点在于数字

---

① S. Bennett, K. Maton & L. Kervin, “The ‘Digital Natives’ Debate: A Critical Review of the Evidence”, *British Journal of Educational Technology*, Vol. 39, No. 5, 2008, pp. 775 –786.

② L. Corrin, S. Bennett & L. Lockyer, “Digital Natives: Exploring the Diversity of Young People's Experience with Technology”, In R. Huang & J. M. Spector (Eds.), *Reshaping Learning SE* –5, 2013, pp. 113 –138, Springer Berlin Heidelberg, doi: 10. 1007/978 –3 –642 –32301 –0_ 5.

③ C. Jones, “A New Generation of Learners? The Net Generation and Digital Natives”, *Learning*, *Media and Technology*, Vol. 35, No. 4, 2010, pp. 365 – 368. doi: 10. 1080/17439884. 2010. 531278.

土著是否能代表一代人的特征。以 Marc Prensky 为代表的支持派认为数字一代学习者由于成长于数字技术环境，所以他们身上具备很多不同于以往学习者的特征；以 Chis Jones 为代表的反对派则认为如果以时间来划分学习者对于技术的态度则过于武断，同龄的学生使用技术的能力差别很大。

三 相关实证研究

关于“数字土著”和“网络一代”的研究以文献综述居多，实证研究偏少，但近年来正在呈上升趋势。Selwyn 关于年轻人使用数字技术和数字信息真实状况的拷问，① Pedró 等关于千禧一代学习者的特征描述和对政策制定者的启示，② Schulmeister 从关于网络一代的讨论转向对数字鸿沟的忧虑，③ 等等，是实证研究的代表。

Selwyn 的研究表明年轻人对数字技术的专注程度差异很大，并没有证据表明年轻人和其他人群之间存在明显的差别；他呼吁教育者需要谨慎使用数字土著的相关文献，学术圈应该开展更多的实证研究去描述年轻人在技术使用和学习偏好上的综合性和复杂性。Staksrud 等指出数字一代学习者是一个新的领域，然而该领域的研究参差不齐，有些研究明显很不可靠；其中很多是市场研究机构发布的非学术类文献，缺少定性的分析和严格的推理。

Pedró 对经济合作与发展组织（OECD）成员国的相关研究进

① N. Selwyn, "The Digital Native-Myth and Reality", *Aslib Proceedings: New Information Perspectives*, Vol. 61, No. 4, 2009, pp. 364 - 379.

② F. Pedró, "New Millennium Learners in Higher Education: Evidence and Policy Implications", Centre for Educational Research and Innovation (CERI), 2009.

③ R. Schulmeister, "Is there A Net Gener in the House? Dispelling A Mystification", *E-Learning & Education*, Vol. 4, No. 5, 2008, Retrieved September 24, 2013 from http://eleed.campussource.de/archive/5/1587.

行了元分析之后，发现学生的技术采纳和使用状况差别较大，不同类型学生之间的数字鸿沟依然存在。Pedró 指出并没有充足的证据表明技术的使用改变了学生的学习方式和学习偏好，也没有证据表明技术的使用改变了学生的思维方式。Schulmeister 的研究表明技术用户是一个综合的群体，并不是具有共同特征的单一群体；他指出当前对于用户使用技术的研究往往没有区分技术的类型、内容和功能，也没有考虑用户使用技术的动机。

Jones 和 Shao 的研究指出大学生希望在课堂和课程中适度地使用信息和通信技术，他们对学校提供的信息服务基本满意，他们并非都擅长使用技术，他们使用技术的方式有很大差别，尤其是当使用新兴的技术时差别更加显著。另外他们还指出，尽管学生越来越容易接入技术，但技术使用的目的主要仍是社交和休闲，而并非学业。

Brown 等通过对南非高校学生技术使用情况的调查，提出年龄不能作为区分数字土著和数字移民的决定因素，不同年龄阶段人群使用技术的熟练程度不能一概而论；同时他们指出在南非技术的接入和使用机会的差距使数字鸿沟正在加剧。① Sánchez 等通过对教师和学生的深入访谈拷问是否存在数字一代学习者，发现数字一代学习者没有很多共性的特征，但很多学习者能够同时用计算机处理多个任务，很多学习者更喜欢图像的表征方式，老师和学生对技术的使用和体验确实存在很大差异。②

顾小清等通过问卷调查和访谈发现，上海的中学生在课堂

① C. Brown & L. Czerniewicz (2010), "Debunking the 'Digital Native': Beyond Digital Apartheid, towards Digital Democracy", *Journal of Computer Assisted Learning*, Vol. 26, No. 5, 2010, pp. 357 – 369. doi: 10.1111/j.1365 – 2729.2010.00369.x.

② J. Sánchez, A. Salinas, D. Contreras & E. Meyer, "Does the New Digital Generation of Learners Exist? A Qualitative Study", *British Journal of Educational Technology*, Vol. 42, No. 4, 2011, pp. 543 – 556. doi: 10.1111/j.1467 – 8535.2010.01069.x.

之外的信息技术使用体验和课堂内相比显得更加丰富，他们将信息技术作为与同伴互动、交流、合作与分析的工具，期望使用技术完成具有挑战性的学习任务。① Judd通过分析学生使用计算机自学的日志，发现70%的学生在自学过程中会同时执行多个任务，只有10%的学生会专注于一个任务，据此她认为学生在计算机上经常同时处理多个任务，但是多任务处理的情景和任务切换的方式还需要深入研究，以便可以给学生有效学习提供建议。②

以上关于数字一代学习者的相关实证研究，也基本分为两个派系，其一是基于数字一代学习者的假设，去研究当代学习者的某些具体特征，如多任务、合作、用技术等；其二是从不同角度否定数字土著的提法，包括以年龄作为划分数字土著和数字移民不合适、当代学生在技术使用方面存在巨大差异、技术使用并没有改变学生的思维方式等。

实证研究中以大学生作为研究对象的居多，而中小学生作为研究对象的研究很少，这可能是和数字土著和网络一代的最初界定有关，但同时也反映出一个现象：多数研究者仍然局限于"数字土著"和"网络一代"等术语的解析或批判，并没有去深层思考"数字土著"和"网络一代"这种提法对数字一代学习者研究的启示。基于此，本书试图结合我国教育发展的现实问题，通过大规模调查去了解当代中小学生学习方式的现状，从而为澄清目前国际上关于数字一代学习者的争论提供依据，并从学习者学习方式偏好的角度为当前课堂教学改革提供参考。

---

① 顾小清、林仕丽、汪月：《理解与应对：千禧年学习者的数字土著特征及其学习技术吁求》，《现代远程教育研究》2012年第1期。

② T. Judd, "Making Sense of Multitasking: Key Behaviours", *Computers & Education*, Vol. 63, 2013, pp. 358 - 367. doi: 10. 1016/j. compedu.

第二节　中小学生学习方式的抽样调查

2001年6月教育部发布《基础教育课程改革纲要（试行）》，提出"改变课程实施过于强调接受学习、死记硬背、机械训练的现状，倡导学生主动参与、乐于探究、勤于动手，培养学生搜集和处理信息的能力、获取新知识的能力、分析和解决问题的能力以及交流与合作的能力"。学生学习方式的转变程度是衡量新课程改革成功与否的重要标志。[①] 十余年后，新课改取得了巨大的成绩，突出反映在中国课程发展史上的五个第一次。第一次从"保障学习权"的高度，整体勾画基础教育的课程体系；第一次从"学校改革逻辑"的高度，抓住"课程"这个突破口，课程改革进入教育改革的主战场；第一次从"课程文化"的高度，从单纯知识、技能目标走向"三维目标"；第一次从"课程资源"的高度，打破了教材的概念，"一纲多本"教科书制度开始成型；第一次从"学习共同体"的高度，打破学校孤立于社区的状态。[②]

但有关新课程改革的反思层出不穷，争论的首要问题是学生的学习方式是否发生了实质性改变。一种意见认为课堂和学生生活出现师生互动、平等参与的生动局面，学习方式和教学组织出现了一定程度的变化；另一种意见则认为虽然课堂积极展开讨论、探究和合作，但学生没有得到实质性的发展和提高。[③] 因此有必要对学生的学习方式开展调查，去深入了解当今中小学生的学习方式现状。

---

① 教育部基础教育司：《走进新课程——与课程实施者对话》，北京师范大学出版社2002年版，第247—249页。

② 钟启泉：《新课程改革与学生个性化学习》，《教育探究》2011年第2期。

③ 孙智昌、郑葳、卿素兰等：《中小学生学习方式的现状分析与对策建议》，《课程·教材·教法》2011年第8期。

一 研究方法

本研究通过大规模抽样调查的方法研究当代中小学生的学习方式现状，并根据数字一代学习者的特征，从大样本中筛选出数字学习者（Digital Learner，简称 DL）和非数字学习者（non-Digital Learner，简称 nDL），比较两个群体在学习方式上存在的差异，发现技术对学生学习方式的影响，从而了解中小学生偏好的学习方式。之后，采用焦点小组访谈法对中小学生进行了访谈，确定技术对学习方式影响的主要方面，深入分析学生学习方式的偏好，辨别 DL 偏好的学习方式与当前课堂提供的学习方式之间的差异。

本研究分为四个研究步骤，如图 3—1 所示，具体来说：

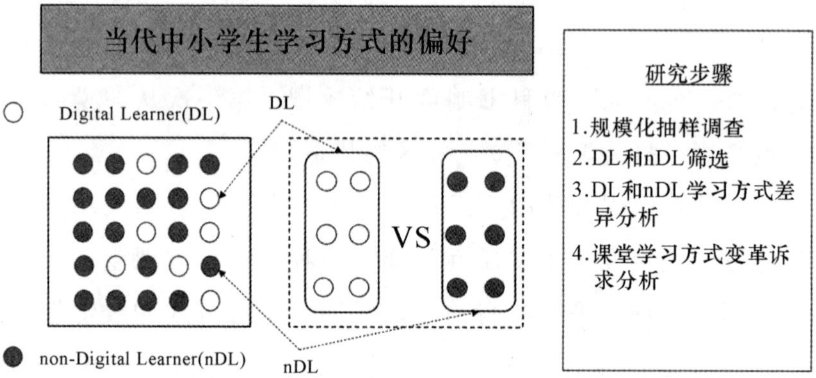

图 3—1 研究过程

第一，规模化抽样调查。采用多阶段抽样的方法，先用整群抽样法从北京市中小学校中抽出样本学校，再用系统抽样法从学校中选择小学三年级、小学五年级、初中二年级和高中二年级的学生。

第二，DL 和 nDL 的筛选。根据相关文献，综合分析数字一代的典型特征；根据数字一代的典型特征，结合问卷设置规则，筛选出数字学习者和非数字学习者。

第三，DL 和 nDL 学习方式差异分析。比较两个群体在学习方式和课外辅导班方面存在的差异，尤其是技术对学习的影响和课外辅导班的频率以及对课外辅导班的态度等情况。

第四，课堂学习方式变革诉求分析。深入中小学校，采用焦点小组的方式对学生开展访谈，访谈涉及技术对学习和生活的影响，学习方式的偏好，课外辅导班的情况等。

来自北京市 8 个区县（东城区、朝阳区、丰台区、顺义区、门头沟区、密云县、大兴区、通州区）的约 30000 名中小学生参与调查，共回收有效问卷 28703 份。小学三年级学生 7169 人，占总人数的 25.0%；小学五年级学生 8272 人，占总人数的 28.8%；初中二年级学生 8157 人，占总人数的 28.4%；高中二年级学生 5012 人，占总人数的 17.5%。

二 研究工具

研究工具主要包括学生学习方式转变与养成问卷和学习方式焦点小组访谈提纲。黄荣怀等指出学习情境是对一个或一系列学习时间或学习活动的综合描述，包括学习时间、学习地点、学习伙伴和学习活动四个要素。[①] 根据学习情境的定义，我们在编制学生的学习方式转变与养成问卷时主要从学习地点、组织形式、学习手段和伙伴关系四个方面考察学习方式。在学校学习中，用计算机教室和普通教室来划分最主要的学习地点；通过调查这两类教室内课堂的组织形式来了解课堂内的学习方式；学习手段主要调查学生课外知识的来源和辅助学习的主要工具；伙伴关系则

① 黄荣怀、陈庚、张进宝等：《关于技术促进学习的五定律》，《开放教育研究》2010 年第 1 期。

是指学生在学习过程中，除教师外对学生学习帮助较大的人。除了学习方式之外，我们还考察了学生对数字化学习的理解、学习能力和参加课外辅导班的情况三个方面。学生对数字化学习的理解，主要从网络对学习的帮助、使用网络学习时的困难、网络对学习的不利影响等方面考察。自主学习能力，主要从自我规划、自我监控和自我评价三个方面进行考察。课外辅导班主要从学习科目、学习频率、影响因素、积极效果和消极影响五个方面考察。问卷结构如图 3—2 所示。

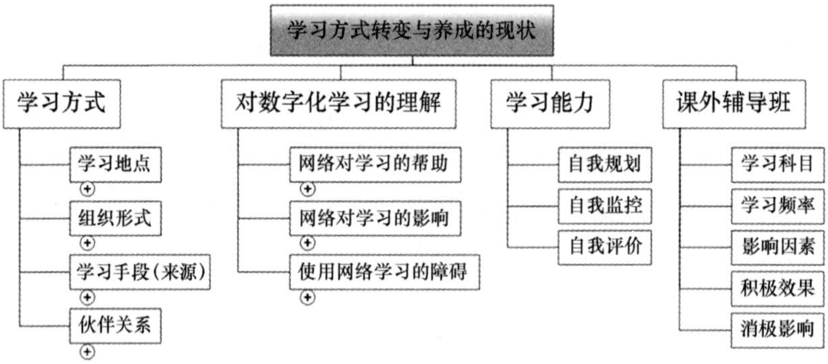

图 3—2 学习方式转变与养成问卷结构

问卷编好之后，我们邀请了五名教育学专家、教育技术专家和学科教师对问卷的内容效度提建议，在吸纳各方建议的基础上对问卷进行了相应修改。随后选择了 30 名学生对问卷进行了重测信度的检验，通过卡方检验发现 Kappa 值在 0.92—0.99 之间，证明问卷具有较高的信度。

焦点小组访谈（Focus Group Interview）由一个经过训练的主持人以一种无结构、自然的形式与一个小组的具有代表性的消费者或客户交谈，从而获得对有关问题的深入了解。焦点小组访谈能够使研究者深入了解某一现象，从而为研究提供增强的证据，可以单独使用，也可以结合其他研究工具使用。[①] 学习方式焦点小组访谈提纲包括学生对技术的感知、学生的学习特征、学生的学习方式三个一级指标。对技术的感知主要从技术接入、技术使用频率、用途、技术促进社会交互和用技术学习新技能五个方面切入；学习特征主要从用技术、喜交互、重体验、好结构化和连接式学习等四个方面切入；学习方式则从学习材料、内容序列、教学法、学习结果和评价方式等五个方面切入，比较课内和课外辅导班的差异。

三　问卷数据分析

（一）学习方式

"在机房上课时，独立操作的时间通常是多少"是关于课堂组织方式的问题，根据独立操作的时间能够了解学生在课堂上自主学习的程度。参与调查的学生在机房上课时，12%的学生独立操作时间在10分钟以下，32.8%的学生独立操作时间在10—20分钟，34%的学生独立操作时间在20—30分钟，21.2%的学生独立操作时间在30分钟以上。从数据中可见，55.2%的学生独立操作的时间在20分钟以上，占45分钟的将近一半以上，这说明在机房上课时，教师给学生的自主和操作时间较多。年级与在机房的独立操作时间之间存在一定的相关关系。独立操作时间小于10分钟的分布情况是：小学三年级是16.6%，小学五年级是10.5%，初中二年级是8.2%，高中二年级是14.4%。独立操作时间大于20分钟的分布情况是：小学三年级是50.0%，小学五年级是54.9%，初中二年级是63.6%，高中二年级是49.3%。可见，初中阶段学生在机房独立操作的时间最多，高中阶段最少。

在"在普通课堂上，你自学和讨论的时间通常为多少"一题

① J. M. Sinagub, S. Vaughn & J. S. Schumm, *Focus Group Interviews in Education and Psychology*, Sage Publications Incorporated, 1996, p. 645.

中，47.2%的学生自学和讨论时间在10分钟以下，41.2%的学生自学和讨论时间在10—20分钟，学生自学和讨论时间在20—30分钟和30分钟以上的比例分别为8.2%和3.4%。年级与在课堂上自学和讨论的时间之间存在一定的相关性。其中初二学生的自学和讨论时间相对较多。初中二年级的学生10分钟以下的自学和讨论时间比其他年级学生少，10—20分钟的自学和讨论时间比其他年级学生多。

"除教师外，对学习帮助最大的人是谁"一题显示，33.4%的学生认为是同学或同龄朋友，57%的学生认为是父母，6.9%的学生认为是保姆或家教老师，2.7%的学生认为是祖父母或外祖父母等。可见，除教师外，父母依然是学生最大的影响者。其次为同学或同龄伙伴。学习伙伴关系与年龄也存在一定的相关性。在参加受访的学生中低学段的更倾向于父母的帮助，高学段的更倾向于同龄人的帮助。

"学生偏好的学习方式"一题的调查显示，参与调查的学生中，47.3%的学生最喜欢教室听讲的学习方式，26.1%的学生最喜欢小组讨论的学习方式，8.2%的学生最喜欢自学的方式，18.4%的学生认为一对一辅导是最佳的学习方式。学习方式的偏好会随着年级的变化而产生较大的不同。随着年级的升高，喜欢教室听讲的比例逐渐下降，小组合作的方式在初中阶段达到最高，高中阶段，一对一辅导和教室听讲是学生最喜欢的学习方式。同时随着年级的增长，一对一辅导逐渐成为学生喜欢的学习方式，如图3—3所示。

"学生经常使用的学习工具"一题显示，参与调查的学生中，41.7%的学生常用的学习工具是电子词典或学习机，53.6%的学生常用的学习工具是电脑，31.1%的学生常用的学习工具是平板电脑、手机，22.6%的学生不用以上任何学习工具。电脑已经成为学生最为常用的学习工具，比例达到84.7%，其次为学习机和电子词典。电子设备依然为学生首要学习工具。在受访的学生中，低年级的学生更喜欢使用学习机和电子词典，高年级的学生则更喜欢使用电脑、平板电脑和手机。

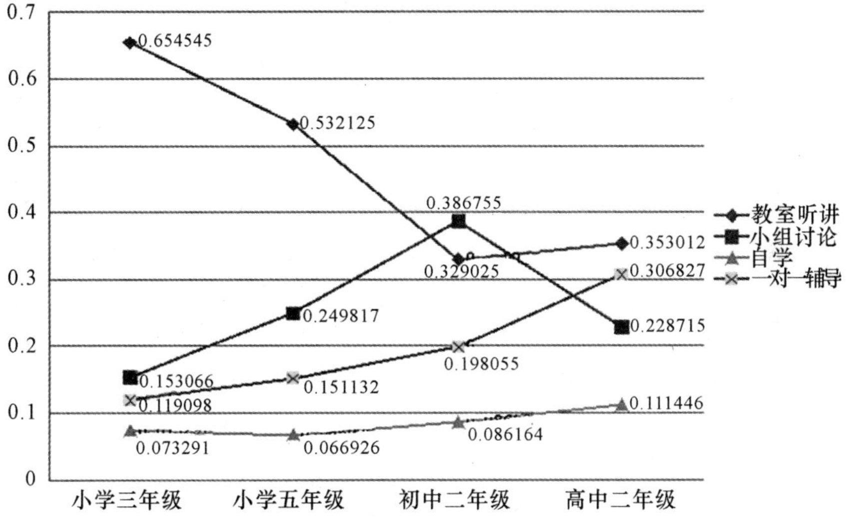

图 3—3　学生偏好的学习方式的年级比较

（二）对数字化学习的理解

“课外知识的主要来源”主要了解学生课外学习的知识载体，参与调查的学生中，56.9%的学生课外知识主要来源于互联网，59.7%的学生课外知识主要来源于广播、电视，75.9%的学生课外知识主要来源于图书、报纸杂志，39.2%的学生课外知识主要来源于课外实践活动。虽然学生的课外知识主要来自图书、报纸杂志，但来自互联网和广播电视的课外知识已经越来越多。课外知识来源会随年级增长而有所不同。小学时期图书、报纸杂志是学生课外获得知识的主要来源，但到高中阶段，互联网已经成了获得课外知识的主要来源。

“布置需要网络完成作业的课程”一题主要调查教师要求学生使用网络辅助课外学习的情况，参与调查的学生中，67.7%的学生选择信息技术课程，32.4%的学生选择主科课程，30.1%的学生选择副科课程，33%的学生选择活动实践课。可见，课程类型与网络作业之间的关联较大。信息技术课老师会经常布置网络作业，各个学段中都有超过60%的学生表示经常需要使用网络完成信息技术课的作业。使用网络完成主科课程作业的比例随年级增加呈现下降趋势，完成副科课程作业则呈现倒U形，可能与学业压力增加及副科课程开设情况相关。

“网络对学习有哪些帮助”一题主要调查学生对网络积极作用的认知，在受访学生中，认为使用网络可以方便地获取学习资源的占72.2%，认为使用网络可以扩大自己知识面的占77.8%，认为使用网络可以方便与同学讨论交流的占39.2%，不知道网络会对学习有哪些帮助的占7.4%。可见，学生主要利用网络来扩大知识面和获取学习资源，利用网络参与讨论交流虽然占有一定的比重，但比重偏小。

“网络对学习的不利影响”一题主要调查学生对网络负面作用的认知，参与调查的学生中，认为网络会导致学习注意力分散的占54.7%，认为网络会导致睡眠时间减少的占45.1%，认为网络会导致学习成绩下降的占28.9%，不知道网络会对学习有哪些不利影响的占22.4%。可见学习注意力分散是学生经常感觉到的用网障碍，很多学生已经意识到了用网时难以专注于任务的障碍。

“学生利用网络学习时的主要困难”主要调查学生在网络使用过程中存在的问题，参与调查的学生中，48.3%的学生网络操作技能、技巧不够熟练；39.8%的学生自我约束力不强，容易走神；22.3%的学生认为网络学习资源呆板、无趣；30.4%的学生遇到问题不知道向谁求助。可见，网络技能缺乏是学生利用网络学习的首要困难，其次为自我控制不足，学习效率低下的问题。随着学生年龄的增长，利用网络学习遇到的困难也在不断变化。小学生的主要困难是网络操作技能和技巧的问题，高年级学生的主要问题是自我约束力不强，容易走神的问题；这也与前述“网络对学习的不利影响”一题中“分散注意力”的调查结果相互印证。可见，在网络学习能力培养方面，应该重点培养学生的自主能力和自我约束能力，加强学生的自我规划、自我管理和自我评价，以克服网络学习的注意力过度分散的问题。

（三）自主学习能力

“是否在意班级排名”一题显示，参与调查的学生中，10%的学生自己不在意而父母在意，5.3%的学生自己在意而父母不在意，75.2%的学生自己及父母都在意，9.5%的学生自己及父母都不在意，80.5%的学生对自己的排名比较在意，说明多数学生对自己的学习较为重视。

学生的自我监控能力主要从预习和作业情况来调查。“学生课前预习情况”一题显示，参与调查的学生中，30.3%的学生课前经常预习，43.5%的学生课前偶尔预习，19.2%的学生老师要求时才预习，7.1%的学生课前从不预习。总体数据显示，经常预习和偶尔预习的学生占到了70%以上。不同年级的学生会表现出不同的预习习惯，随着年级的增长学生经常预习的频率会降低，从不预习的频率有所上升。这可能和高年级学生学习时间紧张有一定的关系。男生女生的预习情况也有所不同，女生会比男生投入更多的精力进行预习。对自己学习评价较高的学生课前预习的积极性明显高于评价较低的学生。

“完成作业情况”一题显示，参与调查的学生中，78.3%的学生作业可以独立完成，8.3%的学生作业需要家长督促完成，11.3%的学生作业需要辅导才能完成，2.1%的学生作业完不成。可见，独立完成作业的学生最多。不同年级的学生完成作业的情况会有显著不同，小学阶段为适应刚接触的学校学习生活会需要家长的辅导和督促。随着年级升高，独立完成作业的比例开始有所上升，但是高中学习难度增加学生独立完成作业的比例又下降，完不成和需要辅导才能完成的情况有所增加。成绩评价优秀的学生大部分能够独立完成作业，成绩不合格的学生中需要辅导和完不成的情况比较多，成绩良好的学生，很大部分需要家长督促才能完成作业。

“考试结果的预期情况”一题显示，参与调查的学生中，48%的学生考试结果与考前预期基本一致，20%的学生考试结果与考前预期相比预期偏高，22.1%的学生考试结果与考前预期相比预期偏低，10%的学生考试从不预期。在参加受访的学生中，优秀的学生的考试结果与考前预期一致性较高，不合格的学生预期偏低的比较多。

（四）参加课外补习

课外补习作为一种特殊的校外教育现象，自20世纪80年代以来就受到了研究者的诸多关注。学生参加课外补习的科目反映出学生或学生家长对学生课外学习内容的关注。调查发现，75.2%的学生参加了补习类学习班，32%的学生参加了文艺类课外补习，而超过24%的学生会参加美术类、竞赛类、体育类的学习班，仅有8.9%的学生参加能力类的学习班。从这个数据说明，课外补习仍是以学校主流课程的学习为主。这也说明，尽管北京市中小学生参加了多种类型的校外学习，但他们主要所参加的校外学习仍是为了补充学校学习的主流课程之需要，是主流教育的“影子”。

从性别角度看，参加补习类、美术类、文艺类科目的女生要多于男生，而参加竞赛类、体育类和能力类的男生多于女生。从年级角度看，每个年级的学生中，参加补习类的学生都是比例最高，参加能力类科目的学生均是最低的。而在补习类科目的参与比例又随着年龄在不断增加。这一方面反映，更多家长希望在孩子年少时学习一些文艺、美术类的技能；另一方面，随着孩子年龄增长，面临

升学的压力，为了使孩子取得优异的成绩，进入较好的大学，孩子们又被送去补习，以提高学习成绩。

课外补习及其相应的配套设施等都对学生产生着影响。调查发现，课外补习从不同方面吸引着学生，使他们喜欢参加课外补习，例如 47.7% 的学生喜欢教学方式，22.5% 的学生喜欢课程内容，15.4% 的学生喜欢课外补习中的同学，14.3% 的学生喜欢那里的老师。从这个比例来说，课外补习也在教学方式、课程内容等教学层面上对学生产生着影响。

课外补习给学生带来了不同的收获，例如 55.5% 的学生认为学习更好了，40.3% 的学生认为学习更认真了，18.1% 的学生认为身体更棒了，25.6% 的学生认为增强了表达能力，22.3% 的学生认为与人交往能力更好，18.6% 的学生认为在其他方面有收获。

从性别角度而言，除了较多男生认为收获了身体更棒外，而女生分别认为课外补习对她们的学习、学习态度、表达能力、人际交往能力提高的比例均要高于男生。而在年级表现方面，初中二年级的学生认为表达能力和人际关系能力更强的比例要远远高于其他年级学生，这可能与初二年龄段学生正处于青春期的转折点，喜欢表达自己，喜欢交朋友的心理发展阶段有关。高二学生感到有收获的人员比例都要低于其他年级。这可能与他们学习的压力大、休息时间少、身体机能需要调节的多、社会参与少有一定关系。

在负面因素方面，9.9% 的受访学生认为参加课外补习会让自己更不喜欢学习，50.9% 的受访学生认为参加课外补习感觉身体太累，没有休息时间，31.9% 的受访学生认为参加课外补习会让自己心理压力大，25% 的受访学生认为参加课外补习会让自己体育锻炼时间减少，27.2% 的受访学生认为参加课外补习会让自己与朋友交流时间减少，24.5% 的受访学生认为参加课外补习有其他不好影响。

从性别角度而言，更多的女生认为参加课外补习后，身体太累

了，没有时间休息，并且女生的心理压力比男生要大。更多男生觉得他们体育锻炼的时间和与朋友交流的时间都少了，并且更加不喜欢学习了。从年级角度来看，随着年级的升高，学生感觉在参加课外补习后，更不喜欢学习了，身体太累，没有休息时间，并且心理压力较大。这主要是因为高年级的学生跟低年级的学生相比，面临着升学考试的压力，学习任务重，心理压力大，再加上课外补习的安排，他们感到身心俱疲，对学习的兴趣也有所降低。

四 DL 和 nDL 比较分析

（一）DL 和 nDL 的筛选

因为数字一代是在数字技术环境包围下成长起来的一代，他们有用技术、强交互、重体验、多任务和喜欢结构化和连接式学习等特征；而用技术是这些特征形成的根源，因此可以把学生接入技术的方式、时间和能力作为考量这些特征的基础。

我们的研究基于这样一个假设，网络接入、触网时间和上网能力不同的学生，他们的学习特征也将不同，所以我们把“用技术”作为筛选数字学习者 DL 的条件，并对其具体表现进行了细化。结合问卷，最后确定的筛选条件有四个。

（1）网龄：网龄在 5 年以上（包括 5 年）的高二学生，网龄在 4 年以上的初二学生，网龄在 3 年以上的小学 5 年级学生，网龄在 2 年以上的小学 3 年级学生。

（2）上网水平：选择“中级水平”和“老手（大虾）”的学生。

（3）数字设备和网络接入：选择在家“有电脑，能联网”和“有多台联网设备（含手机、平板电脑等）”的学生。

（4）每天上网时长：选择“2—3 小时”“3—4”小时和“4 小时以上”的学生。

根据以上四个筛选条件，我们对回收的 28703 份问卷进行了筛选，共选出了 5379 份问卷，其中 9% 的小学三年级学生，15.1% 的小学五年级学生，12.9% 的初二学生，7.5% 的高二学生。女生有 2331 人，占 43.3%；男生有 3027 人，占 56.3%。我们把筛选出来的 5379 个样本规定为数字学习者 DL。

网龄小于 1 年的学生有 6698 人，包括 22.7% 的小学三年级学生，16.4% 的小学五年级学生，10.3% 的初中二年级学生，4.1% 的高中二年级学生。我们把网龄小于 1 年的样本定义为非数字学习者 nDL。

（二）DL 和 nDL 比较

通过 DL 和 nDL 的对比，我们发现这两个群体在某些方面存在明显差异。

（1）DL 经常使用互联网获取课外知识，而 nDL 使用互联网获取课外知识的比例相对较低。74.6% 的 DL 会使用互联网获取课外知识，而只有 28.2% 的 nDL 会使用互联网获取课外知识，如图 3—4 所示。

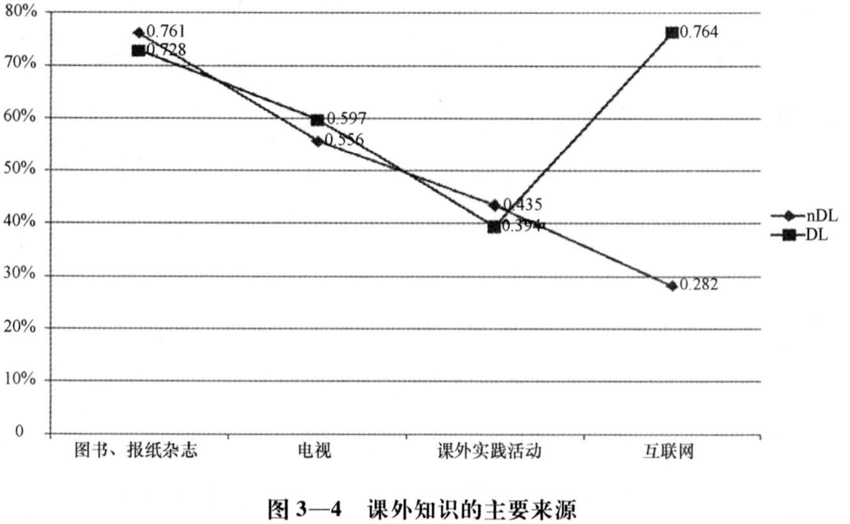

图 3—4　课外知识的主要来源

（2）DL 更喜欢协作学习的方式，而 nDL 更喜欢传递接受的方式。28.5% 的 DL 表示喜欢协作学习，19.2% 的 nDL 表示喜欢协作学习；41.6% 的 DL 喜欢传递接受的方式，58.6% 的 nDL 喜欢传递接受的方式，如图 3—5 所示。此外在基于网络的合作方面，DL 表现出更加积极的态度。62.4% 的 DL 有网络合作的经验，37.6% 的 nDL 有此方面的经验。

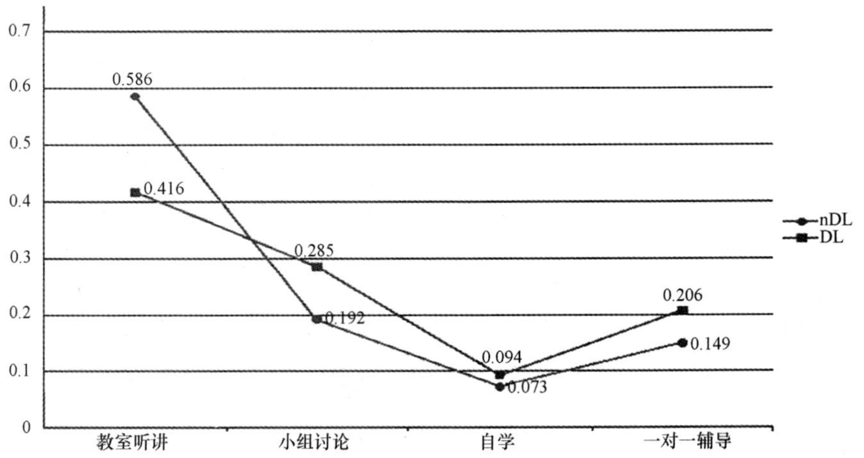

图 3—5　喜欢的学习方式

（3）DL 参加课外辅导班的频率高于 nDL 参加课外辅导班的频率。75% 的 DL 每周参加 1 次以上的课外辅导班，65.8% 的 nDL 每周参加 1 次以上的课外辅导班，如图 3—6 所示。在喜欢课外辅导班的原因中，DL 更喜欢辅导班的一对一辅导，而 nDL 更喜欢辅导班的学习内容和学习环境。

通过比较分析可见，DL 和 nDL 这两个群体所偏好的学习方式整体是一致的，但是有一些细微的变化；DL 对技术的依赖性更强，更喜欢合作的学习方式，具有更强的社交倾向，这些方面刚好印证了“用技术”和“强交互”这两个数字一代的典型特征。学生参加课外辅导班的频率很高，DL 更多地参与课外辅导班，他们表示

辅导中的一对一辅导是最有吸引力的，nDL 则表示辅导班中的学习内容和学习环境最受欢迎。

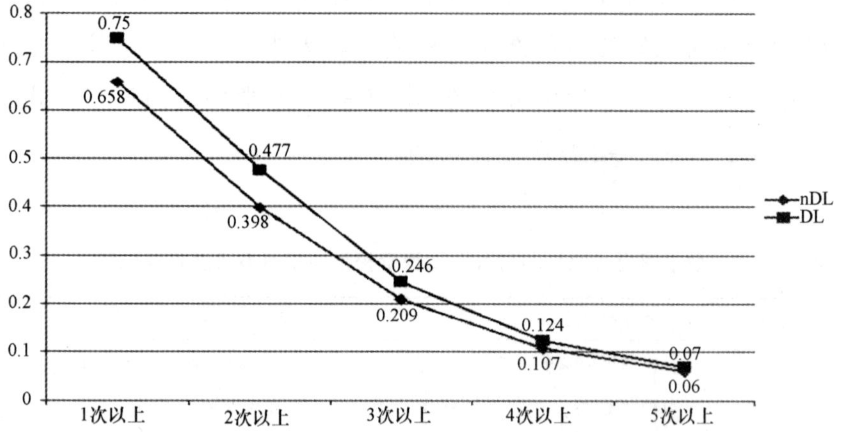

图 3—6　每周参加课外辅导班的频率

（三）焦点小组访谈

来自 5 所中小学的 28 名学生参与了我们设计的焦点小组访谈，其中男同学 16 名，女同学 12 名，小学生 9 名，中学生 19 名。访谈主要从学生对技术的感知、学生的学习特征以及参加课外辅导班的情况等几个方面展开。

通过对学生的访谈，我们发现技术对学生的学习和生活产生了巨大的影响，在课堂之外学生使用技术进行学习和写作业的现象非常普遍，学生在使用技术学习方面不存在障碍，但在课堂上使用技术学习的机会很少，多数课堂不鼓励使用技术，甚至屏蔽技术。学生对协作学习和探究学习的认识比较理性，认为不同的课型应该采用不同的授课方式，但是很多学生表示在课堂上只听老师讲授会特别枯燥。

受访的学生都在参加课外辅导班，有些是特长类的辅导，有些是英语、数学等课程辅导；多数学生表示自己很喜欢课外辅导班。

在谈及喜欢课外辅导班的原因时，学生积极地给出了多方面的回答，总结起来，包括学习材料、内容序列、教师采用的教学法、学习结果和评价方式五个方面。从学生对课外辅导班的描述中，我们了解到学生所偏好的学习方式，从学生对课外辅导班与学校课堂的比较中，我们发现了学生偏好的学习方式与课堂提供的学习方式之间的差距，如表3—1所示。

表3—1　数字学习者偏好的与K－12课堂提供的学习方式之差异比较

维度	数字学习者偏好的学习方式	K－12课堂提供的学习方式
内容序列	·内容序列可由学生调整 ·可根据学生个性化需求选择不同的内容序列	·所有学生都根据教材的内容序列学习 ·内容序列由教师掌控，教师的经验起决定作用
学习材料	·提供学生真正需要的学习材料 ·充分考虑学生的多样性	·教科书和参考书由教师控制和提供 ·PPT或其他课件仅支持以教为主的学习方式 ·教师收集的数字资源基本用于应付考试
教学法	·真正实现以学生为中心 ·去掉学生已经学过的或者不需要的内容	·教师标榜以学生为中心，但课堂仍以教师为中心 ·教师以为教学策略能够满足学生需求，其实未必
学习结果	·学习结果往往是清晰明确的某个努力目标 ·针对不同的学生有不同的要求	·课后作业 ·考试
评价方式	·对学生掌握了什么、需要努力的方向等方面的真实性评估 ·有效的建议	·随堂测验 ·作业 ·月考、中考、终考

当代中小学生希望课堂内容序列能够更加灵活，可以由学生调整，并可以根据学生的个性化需求进行选择，而当前课堂所提供的

内容序列往往基于教材和教师的掌控。学生希望课堂能考虑他们的多样性，提供学生真正需要的材料；然而当前课堂提供的学习材料往往是教科书、参考书、PPT或为应付考试而准备的材料。学生希望教师能在课堂上关注自己，能够真正实现以学生为中心，并根据自己的真实需求选择教学内容；而当前课堂的教学方式多数仍以教师为中心，教学策略未必能真正满足学生的需求。学生希望的学习结果是具体、清晰和明确的行动计划，而课堂提供的学习结果往往是课后作业和考试。学生希望的评价方式是在真实评估学习情况之后对学习建设性的意见，而课堂提供的评价方式则是随堂测验、作业和各种考试。

第三节　总结与讨论

本研究对国内外有关数字一代学习者的相关研究进行了综述，在此基础上对北京市中小学生的学习方式现状进行了调查，得出了一些重要的研究结论。

一　数字一代学习者的研究需要宏观和微观并重

数字一代学习者是一个新的研究领域，主要探讨当代中小学生和大学生是否因为在数字技术的环境中成长起来而形成了独特的思维方式、行为方式和学习偏好。尽管如Staksrud等所述该领域有些研究明显很不可靠，很多研究缺少定性的分析和严格的推理，但是近几年来教育研究者正在迅速关注这一领域，相关的实证研究逐渐涌现。“数字土著”和“网络一代”等术语的提出，激起了数字一代学习者研究的狂潮，虽然提出这两个术语的作者并非学术圈内人士，也引发很多来自学术圈的批判，但是正是学术的批判才使得该领域的研究可以逐渐走向成熟。

当前关于数字一代学习者的论战，可以从三个方面来解读。第一个方面关于是否承认有数字一代学习者进入学校，他们因为成长于数字技术的环境而形成了和上一代学习者不同的行为特征和学习偏好；论战一方是以 Prensky 和 Tapscott 为代表激进派，认为“数字土著”和“数字移民”分别代表数字一代学习者和上一代学习者，他们的行为方式和思考习惯存在截然不同的区别；论战另一方是以 Jones 和 Bennett 为代表的婉约派，认为当代学习者在技术使用和学习偏好等方面存在多样性，不同性别、社会经济背景、国家和地区之间的学习者差异很大，不能认为所有学习者都有很强的技术能力、有多任务的学习习惯、爱好社会性交互的协作学习和喜欢图片而非文本等特征。

第二个方面是关于是否以年龄来作为数字一代学习者的主要标志，并以年龄来划分数字一代学习者和上一代学习者。Tapscott 指出“网络一代”是 1977 年 1 月到 1997 年 12 月的出生的一代；Prensky 把 20 世纪 80 年代作为一个分割线，之前出生的是“数字移民”，之后出生的为“数字土著”。批判者称以年龄作为划分数字一代学习者的标志过于武断，而且容易引起道德恐慌（Moral Panic），① 因数字移民即使如何努力学习技术应用也不可能成为数字土著，作为教师他们将永远不能满足数字土著学生的学习需求。

第三个方面是关于数字一代学习者的特征，研究人员通过相关文献的梳理，指出当代学习者具有如用技术、爱交互、多任务等学习偏好，并对特定的学习偏好开展了实证研究。以“多任务”的研究为例，一方面如 Carrier 等通过大样本数据调查发现，美国的三代人多任务的特征，以“网络一代”最常从事多任务，“X 一代”次

---

① S. Bennett, K. Maton & L. Kervin, “The ‘Digital Natives’ Debate: A Critical Review of the Evidence”, *British Journal of Educational Technology*, Vol. 39, No. 5, 2008, pp. 775 - 786. doi: 10.1111/j.1467-8535.2007.00793.x.

之，“婴儿潮（Baby Boomer）”一代最少；① 另一方面 Judd 通过对 6000 多条学生使用计算机和网络的日志分析得出，多数学生有多任务和任务切换的行为，然而学生任务切换的频繁程度有高有低，并且男生任务切换的次数和执行多任务的频率明显高于女生。②

以上三个方面的论战，双方所持的观点看似矛盾，其实只是两种描述问题的取向和研究问题的方法，一种是从宏观的角度，粗略的描述，以使读者把握大的方向；另一种则是从微观的角度，精细的阐释，以使读者全方位、多角度地了解所论述的话题。宏观取向和微观取向对数字一代学习者的研究都很重要，两种研究取向和方法应该并重，以便澄清数字一代学习者的主要特征，为教育教学改革提供方向。

二　当代北京市中小学生的学习方式呈多元化趋势

大规模的调查结果显示北京市中小学教师的课堂教学方式和学生的学习方式存在多元化趋势，互联网正逐渐成为在课堂上支持学与教的有力工具，学生课前经常预习的频率随年级升高而逐渐降低，学生在“普通课堂”上自学和讨论时间差异较大。

第一，小学、初中与高中学生在偏好的课堂学习方式方面具有显著差异，小学生更喜欢教室听讲，初中生更喜欢小组合作，高中生喜欢的学习方式相对更加多样，这一结果反映了学生的认知发展规律。学生喜欢的学习方式因年级不同而有较大的差异。小学阶段由于学生的知识储备和年龄的关系，会选择课堂听讲为最好的学习

---

① L. M. Carrier, N. A. Cheever, L. D. Rosen, S. Benitez & J. Chang, “Multitasking across generations: Multitasking Choices and Difficulty Ratings in Three Generations of Americans”, *Computers in Human Behavior*, Vol. 25, No. 2, 2009, pp. 483 - 489. doi: http://dx.doi.org/10.1016/j.chb.2008.10.012.

② T. Judd & G. Kennedy, “Measurement and Evidence of Computer-based Task Switching and Multitasking by ‘Net Generation’ Students”, *Computers & Education*, Vol. 56, No. 3, pp. 625 - 631. doi: 10.1016/j.compedu.2010.10.004.

方式；初中阶段由于知识储备和学生年龄的增加，此时比较适合开展合作讨论型学习活动；按推理高中阶段学生喜欢的学习方式更应该是合作讨论式，然而学生却更喜欢一对一辅导和课堂听讲，这可能是因为学生面临高考压力而做出的选择。

第二，随着学生年级的升高，使用互联网获取课外知识的比例逐渐增加，但在学生使用互联网时，必要的引导和帮助将会帮助其克服障碍，提升能力。“获取学习资源”和“扩大知识面”是互联网对学习的两大帮助；“分散学习注意力”和“减少睡眠时间”是互联网对学习的两大不利影响；网络操作技能不熟练、自我约束能力不强是学生使用互联网学习遇到的主要困难；伴随年级升高操作不熟练的问题逐渐减少，自身约束力不强的问题却逐渐增加。

第三，学生课前经常预习的频率随着年级的升高逐渐降低（小学二年级46.8%，高中二年级9%）。预习和作业是学生自我监控的重要表现，是一个非常重要的学习品质，也是学生自主学习能力的两个重要指标。大部分学生都有课前预习的习惯，不同年级的学生表现出不同的预习习惯，随着年级的增长学生经常预习的频率会降低，从不预习的频率有所上升。女生比男生会投入更多的精力进行预习。

第四，超过30%的学生表示主科课程、副科课程和活动实践课布置了使用网络完成的课外作业。67.7%的学生表示信息技术课程布置了使用网络完成的作业，32.4%的学生表示主科课程布置了使用网络完成的作业，30.1%的学生表示副科课程布置了使用网络完成的作业，33.0%的同学表示活动实践课布置了使用网络完成的作业。这说明除了信息技术课教师外，其他各科教师也逐渐意识到技术对学习的促进作用，并要求学生使用网络来促进课外学习，但所占比例仍然有待提升。学生最常用的学习工具主要包括计算机、平板电脑和手机，其中移动设备随着年级的增加而越来越成为主要的

学习工具。

第五，学生在“普通课堂”上自学和讨论时间的差异较大。近47.2%的学生表示在“普通课堂”上自学和讨论的时间少于10分钟，而有11.6%的学生表示在“普通课堂”上自学和讨论的时间超过20分钟，这表明不同地区和学校之间的学生的课堂学习方式可能存在较大差异。

第六，除信息技术课以外，学生课堂上探究和讨论时间偏少。超过50%的学生表示他们在计算机教室上课时独立操作时间超过20分钟，这表明在信息技术等课程中学生有相对充分的时间开展自主、探究和合作学习；近50%的学生表示在普通教室上课时用于自学和讨论的时间少于10分钟，而且越是高年级课堂上自学和讨论的时间越少，而且越是高年级这种情况越严重。造成这种局面的原因可能为：第一，老师并不能熟练驾驭以自主、探究和合作为特征的新型教学方式，并不清楚如何实现信息技术与课程整合。第二，高考指挥棒的作用导致高年级的老师为了应付考试而不得不采用传统的培养学生低阶认知目标的教学方法，原因是记忆和练习的学习方式往往能够在考试中见效。第三，适合学生自主、探究和合作的学习资源还比较缺乏。

三　数字学习者呼唤新型学习方式

调查结果表明数字学习者所偏好的学习方式与当今课堂提供的学习方式在内容序列、学习材料、教学法、学习结果和评价方式五个方面具有明显的差异。按照本书所定的筛选标准，尽管目前数字学习者所占比重并不是很大，但数字学习者群体正在迅速扩张，可以预见5年或10年之后，数字学习者所占的比重将会很大，因为孩子们触网的年龄越来越小，计算机和网络接入普及的速度越来越快。因此数字学习者偏好的学习方式在不远的将来会是多数学生喜

欢的学习方式，这具有重要的意义。

要有效促进学习者的高效和投入学习，课堂教学必须适应学生偏好的学习方式。如 Milliron 所述为了适应数字一代学习者的学习需求和习惯，中小学必须实现从传统学习方式（Old Generation of Learning）向新型学习方式（New Generation of Learning）的转变。①

我国的新课程改革强调要改变现有的被动接受学习方式，倡导建立以“主动参与、乐于探究、合作与交流”为特征的新型学习方式，王鉴从动机与态度、教学方式、社会环境三个方面对传统的学习方式和新型学习方式进行了比较，认为新型学习方式应该是主动和自主、探究、同伴合作，而不是个体的被动接受。② 学习方式就是课程学习活动方式，是客观存在的学习活动类型及其运行的时间、空间和程序在课程内部的反映，接受、自主、合作、探究和体验是学习方式的五个典型表现。笔者认为新型学习方式应该是满足数字一代学习者学习需求的课堂学习活动方式，需要对课堂学习活动类型及其运行的时间、空间和程序做出一种规定性描述，以便满足新型学习者特征，培养其 21 世纪技能。因此结合本章研究结论，本文从学习材料、内容序列、教学法、师生角色、评价方式和学习结果六个方面对新型学习方式做出了规定，并和传统学习方式进行了对比，如表 3—2 所示。

表 3—2　　传统与新型学习方式比较

	传统学习方式	新型学习方式
学习材料	记忆	理解
	回忆	发现

① M. D. Milliron, “A New Generation of Learning: What's up, What's in Store & What's at Stake”, *Conference on Information Technology*, 2006.

② 王鉴：《学习方式的变革：从知识重心到学生本位》，《当代教育论坛》2003 年第 12 期。

续表

	传统学习方式	新型学习方式
内容序列	具体知识	知识框架
	割裂的知识	概念图式
	统一的内容	个性化、层次化的内容
教学法	传递接受	主动建构
	重复	迁移
师生角色	教师 = 指挥官	教师 = 朋友 + 导师
	学生 = 听众	学生 = 参与者 强调生生合作
评价方式	总结性评价	形成性评价（真实性评估和有效性建议）+ 总结性评价
学习结果	课后作业 + 考试	个性化、明确的某个努力目标

传统的学习方式反映了工业化的生产模式，隐含着行为主义观点的假设，有些积重难返，主要表现在以下三个方面。其一，学习是知识点和技能积累的过程；其二，直接向学生传递知识是教师的首要职责；其三，学习和教学过程主要集中在教师和学生个体的相互影响上。显然，传统的学习方式关注的焦点在于为学生提供教；而新型学习方式关注的焦点在于引发学习，强调人只有在与他人合作过程中，主动加工那些对个人有意义的信息，才能促进深层学习的发生。

学生希望课堂能考虑他们的多样性，提供学生真正需要的材料，能以理解和发现类的材料为主，而不是记忆和回忆类的材料；然而传统方式提供的学习材料往往是教科书、参考书、PPT 或为应付考试而准备的材料。学生希望课堂内容序列能够更加灵活，可以由学生调整，并以知识框架、概念图式、个性化和层次化的形式来呈现内容，而传统方式所提供的内容序列往往基于教材的、教师掌控的、具体的知识和统一的内容。学生希望教师能在课堂上关注自己，能够真正实现以学生为中心，以促进知识的主动建构和迁移为

目标；而传统方式的教学法多数仍以教师为中心，教学策略未必能真正满足学生的需求。学生希望的评价方式是在真实评估学习情况之后对学习建设性的意见，而课堂提供的评价方式则是随堂测验、作业和各种考试。学生希望的学习结果是具体、清晰和明确的某个努力目标，而课堂提供的学习结果往往是课后作业和考试。

第四章

技术促进学习的课堂环境评测

数字一代学习者对课堂的学习材料、内容序列、教学法、师生角色、学习结果和评价方式等有新的偏好和需求。课堂中的技术使用和学习方式如果能够满足学生的学习偏好，就能促进投入和有效地学习，反之则会阻碍学生的学习。本章将从数字一代学习者偏好的学习方式入手，从物理环境和社会心理环境两个角度，分析课堂环境的要素，在此基础上提出技术促进学习的课堂环境评测指标并编制了量表，通过调查和数据分析验证了量表的信度和效度，并有针对性地提出了课堂环境的优化方案。

第一节　课堂环境要素分析

如今的学习环境正在发生转变。在过去，当我们提到学习环境总会想到学校的学习环境，是一种正规的学习环境；然而现在的学习环境除了包含正规的学习环境之外，还包括非正规学习环境和非正式学习环境。正规学习（Formal Learning）一般是指在学校内，学习者有意识地进行学习，并以获取资格证书等为目的的结构化学习；非正规学习（Non-formal Learning）一般指在教育机构的计划和安排之外，学习者主动地开展结构化学习，但并不以获得资格证书为目的；非正式学习（Informal

Learning）是指学习者在无学习意识的状态下，通过在日常工作和休息活动中，开展的非结构化学习。对今天的学习者而言，除了需要关注正规学习环境外，还要重点关注非正规的学习环境和非正式学习环境，正规学习环境、非正规学习环境和非正式学习环境之间应该形成一种有机的连接。

课堂环境是正规的学习环境，是存在于课堂教学过程中的各种物理的、社会的及心理的因素的总和，包括物理环境和社会心理环境。课堂物理环境是指课堂所发生的物理场所内的各种与教学和学习相关的布置，包括空间大小、座位布局、技术配置、声光电温等环境要素。尽管课堂物理环境的研究由来已久，但对于课堂物理环境的探讨仍显得不够深入，尤其是在当今技术接入日益丰富的情景之下，显得越发薄弱。OECD 的有效学习环境中心（Center for Effective Learning Environment，简称 CELE）发布报告称近些年社会和文化的变革，信息和通信技术的进步，以及学校接入因特网等因素，已经重塑了学校的教学和学习，并改变了教师和学生对物理学习环境的期待。①

然而在社会、经济和文化大环境经历急遽变迁之时，课堂物理环境所经历的变化只是小范围的修修补补，课堂物理环境的架构、安排和配置依然是沿袭着 19 世纪末的样式。19 世纪末的课堂物理环境体现的是当时社会对人才培养的意志，一个讲究服从、操练和纪律的地方，一个有着清楚的指示、清楚的形式、清楚的结构的场所。② 许多学者逐渐认识到课堂物理环境绝对不是教室环境的装扮，不是环境美化或政治宣传板，而是

---

① M. Kuuskorpi & N. Cabellos González, "The Future of the Physical Learning Environment: School Facilities that Support the User", "CELE Exchange, Centre for Effective Learning Environments", *OECD Publishing*（http://dx.doi.org/10.1787/5kg0lkz2d9f2 - en）.

② 陈向东、高山、蒋中望：《现代教室结构的形成及其对未来课堂的启示》，《现代教育技术》2012 年第 2 期。

体现教学法和教育理念的一种重要课程开发手段，[①]并且课堂物理环境对课堂心理环境有重要的影响，对学生的学业成绩提升有重要作用。[②]

一　课堂物理环境

（一）SMART 概念模型

早期关于课堂物理环境的研究局限于物理空间的布置和教室内设备的数量和质量。[③] Loughlin 和 Suina 认为课堂物理空间的组织是改变和刺激学生学习行为的重要工具。[④] 随着教室内计算机和与之相关的设备的大规模普及，教室内设备的配置会对教师的教和学生的学产生积极或消极的影响，这些影响既与设备本身的技术功能有关，又与设备和其他环境要素的关系有关。Zandvliet 在其博士论文中对课堂物理环境前期的研究进行了深入的综述，他指出虽然建筑学、社会学、心理学和教育学的学者都有对课堂物理环境的研究，但这些研究和报告都是琐碎的，并没有相关的整合研究。对于课堂环境的研究，一般有两种方法，其一是研究某一环境要素对于学习和行为的影响，如座位布局、噪声、采光等；其二是从生态学的研究视角，并不割裂环境的要素，去研究和描述学生在特定环境下的学习行为。

---

① 谢翌、徐锦莉：《教室环境：一种被忽视的课程——课程开发视野中的教室环境布置》，《教育理论与实践》2008 年第 31 期。

② D. B. Zandvliet & B. J. Fraser, "Physical and Psychosocial Environments Associated with Networked Classrooms", *Learning Environments Research*, Vol. 8, No. 1, 2005, pp. 1 - 17. doi: 10. 1007/s10984 - 005 - 7951 - 2.

③ D. B. Zandvliet, "The Physical and Psychosocial Environment Associated with Classrooms Using New Information Technologies: A Cross-national Study", Curtin University of Technology, Retrieved from http: //espace. library. curtin. edu. au/R? func = dbin-jump-full&local _ base = gen01 - era02&object_ id = 9959.

④ C. E. Loughlin & J. S. Suina, *The Learning Environment: An Instructional Strategy*, New York: Teachers College Press, 1982.

Yeats指出办公室内关于人体工程学的桌椅和座位布局已经有大量的研究，然而在教室内的座位布局和桌椅构造似乎被忽略了，[①]然而有很多研究指出教室内桌椅和座位布局应该更加灵活，以便适应学生的不同需求。事实上全球范围内教室的桌椅和座位布局都比较僵硬。[②]

技术对教室环境的作用在第二章文献综述中已经详细论述。技术对于教室环境的变革具有革命性影响，充分发挥技术的作用，改善课堂物理环境，满足新型学习者的学习需求，提升学生的学习体验，将是新时期课堂物理环境配置的重点。

综上所述，关于课堂物理环境的研究一般从座位布局、声光电温、桌椅结构、教室密度和技术配置五个方面进行研究。单一学科对课堂环境的研究将是割裂的，难以真正起到最佳效果。课堂物理环境需要考虑桌椅结构、座位布局、声光电温等建筑学要素，也需要考虑教室内技术的配置等计算机学科的要素，然而所有以上的考虑均需要结合教育学的目标、方法和策略。因此亟须一种整合的观点来分析课堂物理环境，SMART模型从教与学功能的角度对课堂物理环境进行分析，为研究课堂物理环境提供了参考。[③]

SMART模型涉及教与学内容的优化呈现、课堂座位布局的灵活多变、教学资源和学习资源的便利性获取、学生和教师的及时互动、教室内声光电温的自动感知等多个方面，可概括为教学内容呈现(Showing)、物理环境管理(Managing)、数字资源获取(Accessi-

① B. Yeats, "Factors That May Influence the Postural Health of Schoolchildren (K - 12)", *Work*, Vol. 9, No. 1, 1997, pp. 45 - 55.

② S. Higgins, E. Hall, K. Wall, P. Woolner & C. McCaughey, "The Impact of School Environments: A literature review", *Commissioned by the Design Council*, 2005, pp. 1 - 47.

③ 黄荣怀、胡永斌、杨俊锋等：《智慧教室的概念及特征》，《开放教育研究》2012年第2期。

ble)、师生及时互动（Real-time Interactive）、情景自动感知（Tracking）五个维度，取五个英文词组的首个字母，简写为“SMART”模型，如图4—1所示。

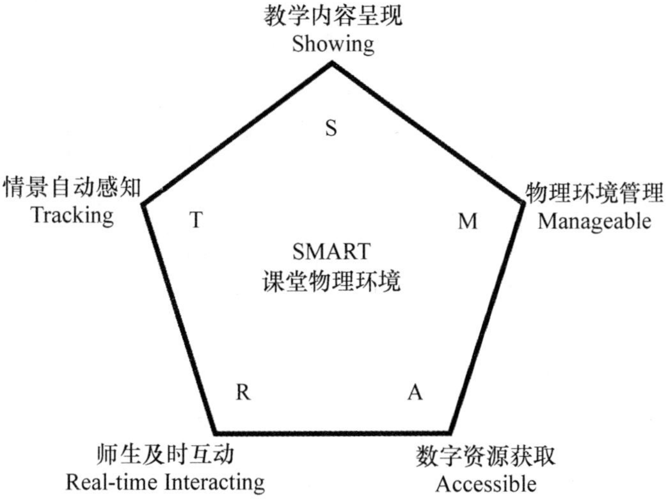

图4—1 SMART模型

1. 教学内容呈现（Showing）

“教学内容呈现”主要考察教室内的教学内容和学习内容的呈现手段和方式，技术配备和媒体选择是教学内容呈现考虑的主要方面。清晰性是第一要求，后排的学生和边上的学生应能清晰地看到教学内容；可理解性是第二要求，所呈现的材料应该适合学生的认知特点和学习偏好。“教学内容呈现”包括视觉呈现和听觉呈现两个方面。

视觉呈现是指学生和教师能用眼睛看到的学习材料，主要涉及呈现的物质手段、技术设备、教学材料等，主要指标包括操作方式便捷、呈现内容清晰、呈现机会均衡等，呈现材料时需要考虑学习者的认知特征、学习偏好和情绪状态等。显然视觉呈现是一个综合的结果，良好的教与学内容的视觉呈现效果需要在充分考虑学习者特征和偏好的基础上，融合教学法和课堂内的物理条件与技术条件。传统教室的呈现方式主要是黑板和挂图等，主要用于教师向学生展示教学内容，当然学生偶尔也有机会上台展示自己的思路；现今多媒体教室的呈现方式主要是投影和电视等，仍然主要用于教师向学生呈现教学内容，而学生呈现和分享学习结果的机会较少。技术在增强教学内容呈现方面能发挥重要作用，但前提是结合适当的教学法来配置技术环境，并考虑学生特点合理使用技术。听觉呈现是指学生和教师能用耳朵听到的学习材料，主要包括教师声音、学生声音和音响声音等，噪声控制和音响设备配置是听觉呈现的主要研究内容。

2. 物理环境管理（Manageable）

“物理环境管理”主要指教室的座位布局和设备管理，学习材料的分发和学生学习行为的监控。座位布局和设备的配备对教学法和学习方式有直接影响。教室内的座位布局一般有“秧苗式”“圆桌形”和“马蹄形”等，是研究者关注最多的一个物理环境要素。不同类型的座位布局适合采用不同的教学法，因此教室内的座位布局应该灵活、多样，并符合人机工程学的原理。一般来说，“秧苗式”的座位布局适合传递接受的教学法，“圆桌形”的座位布局适合探究型的教学法，“马蹄形”的座位布局适合小组讨论型的教学法。

教室内的设备为课堂教学提供了必备的物质和技术条件，本书中的设备管理主要从使用者（教师和学生）的角度，考虑教室内的供电设备、照明设备、网络设备、计算机和投影机等的可用性和易用性。课堂学习材料的分发主要指教师如何把学习材料传递给学生，传统的方式一般是纸质材料的分发，而U盘拷贝、电子邮件、专题网站、FTP服务器、广播教学软件、QQ群共享、屏幕展出等技术手段的使用，可以提高学习材料分发的效率。学习行为的监控主要指教师用何种手段了解学生的情绪和状态，并有针对性地调整教学节奏。传统的手段一般是通过老师的经验和观察，而面部表情识别和体感技术等先进科技的使用可以为教师的决策提供支持，通过获取学习者的姿势、位置、操作、表情等方面的数据，实时分析和了解学生的学习状态，进而做出基于数据的教学性判断。

3. 数字资源获取（Accessible）

"数字资源获取"主要考察课堂内教师和学生接入计算设备和网络的便利程度以及利用相关设备获取数字资源的轻松程度，主要包括教室内网络接入的方式和速度、数字教学资源获取的便利程度和数字学习资源获取的轻松程度。数字学习者喜欢在课堂内外使用技术，教室计算机和网络的接入与否，会直接影响学生的学习动机和积极性，同时也是获取丰富网络学习资源的基础。大量研究表明丰富的数字学习资源可以为学生开展自主学习、合作学习和个性化学习提供方便，因此课堂内教学资源和学习资源的轻松获取为推动新课改的实施和创造灵活多样的课堂学习方式提供了条件。计算机、无线投影、交互式白板、平板电脑、智能手机、PDA 等多种新兴技术的综合使用，能为数字资源的共享、操作和再生提供必要的物质条件，从而促进师生在课堂上的数字资源获取。

4. 师生及时互动（Real-time Interactive）

"师生及时互动"主要指课堂内的交互方式及交互能力，包括师生交互、生生交互和人机交互三个方面，及时性和有效性是课堂互动的主要指标。课堂交互的本质是在课堂的生态内由师生组成的社会认知过程。[①] 虽然交互的形式和手段主要取决

① A. Wedin, "Classroom Interaction: Potential or Problem? The Case of Karagwe", *International Journal of Educational Development*, Vol. 30, 2010, pp. 145 - 150.

于教师采用的教学法，但课堂物理和技术环境对交互的发生和交互的及时性有重要影响。语言交互是师生交互最常用的方式，肢体动作的交互以及眼神交互也是课堂上师生交互的重要形式，在这个过程中学生在和教师的交互过程中完成知识和意义的建构，通常发生于教师整班授课的过程中；语言交互和基于媒体交互是生生交互中常用的交互形式，通常发生于协作学习活动过程中；学生也可通过与文字、图像、动画、视频等媒体的交互完成知识和意义的建构，这是人机交互的重要层面，通常发生于个人自学的过程中。

5. 情景自动感知（Tracking）

"情景自动感知"主要指课堂物理环境的各个要素能否自动调节，以便适合学生的思考和认知，提升学习体验，主要包括声音、光线、温度、气味等的自动调节。李秉德指出空气、气味、声音、光线、温度、颜色等是环境的物理因素，这些因素直接影响教师和学生的身心活动。[①] 传感器技术的发展，使实时采集和分析教室内的噪声、光线、气味、温度等数据成为可能，根据采集到的数据，结合理想的预设参数自动控制和调节相关设备，即可将教室内的声、光、气、温调节到适合学生认知和发展最佳的状态。

（二）课堂物理环境现状调查分析

根据 SMART 模型，我们设计了课堂物理环境调查问卷（Classroom Physical Environment Questionnaire，简称 CPEQ），包括 5 个维度，共 59 个题目。问卷完成之后，邀请了五名教育学专家、教育技术专家和学科教师对问卷的内容效度提建议，在吸纳各种建议的基础上对问卷进行了相应修改，最终版问卷包括 48 个题目。如表

① 李秉德、李定仁：《教学论》，人民教育出版社 1991 年版，第 266—267 页。

4—1 所示。

表 4—1　　CPEQ 的各维度

维度	子维度	题目数
学与教内容的呈现	教学内容呈现，学习内容呈现，声音呈现效果	12
环境的可管理性	物理环境管理，教学材料管理，学生行为管理	10
资源可获取性	因特网接入，教学资源接入，学习资源接入	9
课堂交互及其技术支持	教师和学生的交互，学生和学生的交互，人机交互	9
对环境感知的诉求	声、光、气、温等环境要素	8

我们选择了 20 名中小学教师，对问卷进行了重测信度的检验，通过卡方检验发现 Kappa 值在 0.89—0.99 之间，证明问卷具有较高的信度。

本研究采用整体分层随机抽样的方法，从浙江省的杭州、温州、湖州、金华、丽水、舟山、宁波、嘉兴、绍兴、衢州、台州共 11 个市中抽取 1074 所学校进行了抽样调查，共 31021 名教师参与调查，剔除未完成问卷和答卷时间少于 5 分钟的问卷后，获得有效网络问卷 21398 份。样本的人口统计学资料如表 4—2 所示。

表 4—2　　样本的人口统计学资料（n = 21398）

	教龄			职称			
	≥10 年	6—10 年	≤6	高级	一级	二级	特级 + 三级
人数	12524	4135	4717	7016	9911	3649	821
百分比	58.63%	19.33%	22.04%	32.79%	46.32%	17.05%	3.83%

	学段				学校位置			
	小 1、2、3	小 4、5、6	初中	高中	城镇学校	乡村学校	省重点	市重点
人数	4872	6262	7289	2974	10929	6109	2536	1823
百分比	22.77%	29.26%	34.07%	13.90%	51.07%	28.55%	11.85%	8.52%

1. 调查数据分析

(1) 学与教内容的呈现

在“PPT课件对学生是否清晰可见”一题中，省重点学校有65.26%的教师认为PPT课件对学生清晰可见，但仍有33.61%的教师认为学生不能清晰看到PPT。此数据在省重点、市重点、城镇和乡村学校之间没有显著差异。有很多教师提到“投影容易老化”“投影位置不合理”“后排座位和边上的学生看不见”“容易反光”等妨碍学生清晰看到教学内容的因素。虽然PPT课件已是教师最常用的教学技术，但有为数不少的教师对PPT的使用效果存在质疑，他们认为PPT不能促进有效学习的原因主要包括“没有时间制作PPT”“不知道如何制作优质PPT”“不利于学生消化知识”“分散学生上课的注意力”“知识呈现过快，学生来不及消化”“播放后的东西不能很好地回顾复习”“有的内容不适合用PPT课件”“有些不能很好地体现知识的形成过程”等，且省重点学校的教师认为“PPT课件不利于学生消化知识”明显高于其他学校的教师。

在“后排的学生是否能清晰看到投影屏幕的内容”一题中，如果很清晰用5表示，很不清晰用1表示（即采用李克特量表的计量方式），此题的得分为3.68，表明为数不少的教师对后排学生是否能看清晰投影屏幕的内容表示担忧。此数据在省重点、市重点、城镇和乡村学校之间没有显著差异。

在“黑板的使用情况”一题中，72.05%的教师选择经常使用，有22.80%的教师选择自从使用PPT后就很少使用。另有为数不少的老师表示“与PPT交替使用”“两者都用，接近一半一半”“黑板是无法被代替的，老师的板书格式、画图工具的摆放等等都是PPT无法代替的”等。可见板书仍是课堂教学过程中必备和常用的教学内容呈现方式。

“学生如何把自己（或小组）的学习成果展示给全班同学”，是多选排序题，从选项的平均综合得分可见，学习成果展示给全班同学的常用方法依次为口头表达、使用黑板板书、使用实物投影、使用投影等。另外为数不少的教师提到“上台表演”“教学控制软件”“粘贴的展板展示”“书面汇报”“设计成果，如手抄报”等也是学生展示学习成果的手段。

（2）环境的可管理性

在“课堂教学过程中，是否根据教学需要调整座位布局”一题中，有32.57%的教师经常调整座位布局，33.39%的教师经常调整，但感觉操作困难，25.91%的教师虽然没有调整，但觉得有必要根据教学需要调整座位布局，只有8.13%的教师觉得无此必要。在“通常采用何种座位布局”一题中，86.01%的教师表示所在教室内目前采用“秧苗式”的座位布局，该数据的城乡之间没有明显差异。可见多数教师都认为教室内的座位布局对于课堂教学过程至关重要，有必要根据不同的教学法对教室内的座位布局进行调整。然而目前大多数教室仍采用“秧苗式”的座位布局，这是适合传递接受式教学法的空间布局，当教师需要采取自主、探究和合作的教学方式时，需要把座位布局调整为“圆桌形”和“马蹄形”，但是很多教师表示操作困难。教室内讲桌的位置也面临同样的情况，有53.46%的老师表示想要调整教室内讲座的位置，但因为讲桌是固定的，不能调整。另外还有计算机控制台，有26.40%的老师表示教室内装备的计算机控制台位置不合理，影响教师活动。

教室内的多媒体设备是课堂内技术促进学习的重要基础，但多媒体设备的故障问题和操作复杂一直是妨碍课堂教学顺利开展的一大因素。本调查显示教师内多媒体设备出现故障的频率从高到低依次是“计算机运行问题、投影仪使用问题、网络连接问题、音响设备问题”。另有很多教师表示“投影输出质量不佳，效果差”“经常拔插，导致连接设备被损坏。常常用了半节课，就连接不上，导致上课心情很差”“设备老化”“投影机经常坏，得不到及时修理”“教师对多媒体使用不熟练”等多媒体使用过程中遇到的问题。

教师最常用的分发教学材料的方式从高到低依次为纸质材料、U盘等移动存储设备、电子邮件、专题网站、FTP服务器等，但有12412名老师选择纸质材料，占58.01%。纸质材料仍是课堂教学材料分发的主要手段，虽然有老师正在使用技术手段。另有教师提到会使用“广播教学软件”“QQ群共享”“屏幕展出”“PPT演示和实物投影”“学校资源库”等技术手段。教师常用的调控学生学习行为的手段从高到低依次为观察学生表情、观察学生动作、给思想“开小差”的同学警告和使用电子手段，但使用电子手段明显偏低，仅占2.44%。另有很多老师表示经常使用“停顿，变幻语调”“利用老师的音量和语速吸引学生，提醒学生”“不经意地提问，提醒学生注意听讲”“课堂提问”“表扬认真学生”“通过软件查看屏幕监控”等手段来调节学生的学习行为。

（3）资源可获取性

调查结果显示，65.2%的教师表示能用有线接入互联网，14.2%的教师表示能用无线接入互联网，但仍有20.58%的教师表示在课堂教学过程中不能接入互联网，各种类型学校之间没有显著差异。省重点学校不能接入互联网的比例高达33.7%，远高于其他类型学校。高中课堂上，教师不能接入网络的比例最高，达到41.28%，学生不能接入互联网的比例达到了65.32%，远高于51.51%的平均水平。可见教室内网络接入远未普及，学生在课堂上很难接入网络，这是数字一代学习者对课堂环境诟病的一个方面。

42.25%的教师表示在课堂教学过程中因为网络原因和资源原因不能方便地获取所需教学资源，52.38%的教师认为学生在课堂上不能方便地获取相关学习资源。显然这与网络接入有很大关系，但同时也与优质学与教的资源缺乏有关，有74.12%的教师表示还没有为学生建立学科资源网站。

(4) 课堂交互及其技术支持

调查结果显示，在课堂上最常用的“引发互动的手段”从高到低依次为提问、同桌讨论、小组讨论、复述、表演、角色互换，其中提问84.78%，占绝对优势。另外也有教师表示会经常使用“分组实验”“板书”“游戏”等方式来引发课堂交互。“课堂上学生如何及时把学习结果汇报给老师”一题的调查结果显示黑板仍是学习结果汇报的主要手段（64.57%），其次是投影或电子白板（16.21%）、点点按（4.27%）、课堂交互软件（3.9%）。另有教师表示“口头汇报”“回答问题”“纸质试题”“纸质作业”等也是常用的汇报形式。可见教师正在使用技术手段促进课堂交互，但传统的方式依然占统治地位。

表4—3所示四个题目采用李克特计量方式，1表示很不符合，5表示很符合。所有数据都小于4（符合），证明教师对这四个陈述的肯定程度一般，有教师会对陈述的准确性产生质疑。在这四个方面，基本呈现从小学到初中和高中，数据逐渐减小的趋势，说明合作学习、小组互动和技术增强的师生交互都随着年级的增长而逐渐减弱。很明显，多数教师认为在课堂上，合作学习、小组互动和技术增强的交互经常发生，这说明新课改推广的学习方式深入人心，但这些新型的学习方式发生的频率还需要深入的调查和确认。

表 4—3　　**课堂交互维度数据统计**（n = 21398）

维度	均值			
	小学 1、2、3	小学 4、5、6	初中	高中
课堂上同学之间经常合作完成老师所指定的任务	3.9003	3.8972	3.7904	3.6842
小组中同学之间经常通过互动进行学习	3.8521	3.8647	3.7328	3.5969
课堂上技术的使用使学生和教师讨论的机会增多	3.7751	3.7593	3.5968	3.4731
课堂上技术的使用使学生和同伴讨论的机会增多	3.7398	3.7226	3.5871	3.4614

（5）对环境感知的诉求

对环境感知的诉求主要调查教室内的声、光、气、温等物理环境要素和自动记录学生的学习行为和教师的教学行为的必要性等。调查结果显示，45.59% 的教师认为在教室内待得时间长了，异味非常明显。73.94% 教室内的灯泡不会定期更换，城乡学校之间没有明显差距。78.12% 教室没有配备空调，但农村学校有 90.19% 没有配备空调，省重点学校仅有 36.83% 没有配备空调，差距很明显。可见当前的教室环境的光、气、温等环境要素在整体上有待改善。

60.34% 的教师认为有必要自动记录教师的课堂教学过程，记录和分析的要点按照重要程度依次为：教学语言的运用、教学内容的安排、教学活动的组织、教学时间的控制、技术使用的时间的重要性依次递减。另有教师表示“师生互动及学生的反应”“教学目标的达成”“教学策略的创新”“教学效果的反馈”“习题设计是否合理”“学生对课程的关注程度”等也是教学行为分析应该关注的要点。68.50% 的教师认为有必要自动记录学生的学习行为，记录和分析的要点按照重要程度依次为：学生认真听讲的时间、参与活动的时间、自主学习的时间，另有教师表示“完成作业的正确率”

“预习的自觉性”“与人合作的程度”“课堂发言时间”等也是学习行为分析应该关注的要点。

从整体上看，目前课堂物理环境能基本满足教师的教学需求，但灵活性不够，难以适应多元教学法的需求；课堂座位布局仍以“秧苗式”为主，声、光、气、温等条件有待改善；技术在促进内容呈现、及时互动和资源获取等方面的应用还需加强。我们隐约感到城乡之间在基本环境配置上有较大差别，但在技术促进学习方面的差别并不大，因此为深入了解课堂内技术促进学习的状况，我们对调查的数据进行了二次加工，并对相关教师开展了访谈。

2. TRC 和 TPC 的筛选与比较

从调查数据的分析，我们发现按照技术的配置和使用情况，课堂可以分为三类，一类是技术丰富的课堂（Technology Rich Classroom，简称 TRC），一类是技术贫乏的课堂（Technology Poor Classroom，简称 TPC），另一类介于两者中间。技术丰富的课堂内老师和学生通常能轻松使用计算机或平板电脑等数字设备，能方便接入互联网，能便捷获取各种数字化教学资源，老师和学生在课内经常使用技术开展各类学习活动；而技术贫乏的课堂内教师和学生通常不能接入计算机或平板电脑，不能连接因特网，技术在课内的使用仅局限于 PPT 演示等基础应用。

我们试图把 TRC 和 TPC 筛选出来，比较这两类课堂在技术促进学习应用方面的差异，并通过对相关教师的访谈，了解课堂物理环境和技术环境对教学的影响。研究思路如图 4—2 所示，包含四个步骤：

（1）调查和抽样，使用上一节中浙江省课堂物理环境大规模调查的结果。

（2）筛选 TRC 和 TPC，基于一定的规则筛选出技术丰富的课堂 TPC 和技术贫乏的课堂 TPC。

（3）比较TRC和TPC的差异，从课堂物理环境的SMART概念模型的五个维度比较技术丰富的课堂TRC和技术贫乏的课堂TPC的差异。

（4）访谈相关教师，深入学校，对两种层次的课堂进行观察，并对教师进行访谈。

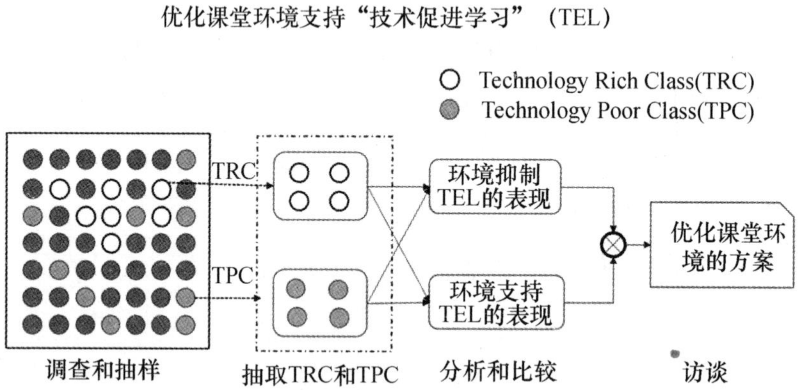

图4—2　研究思路

本研究中筛选TRC和TPC的规则如表4—4所示，主要从数字设备和网络接入、数字资源获取和课堂内技术应用三个方面进行筛选。

表4—4　筛选规则

维度	TRC	TPC
数字设备和网络接入	教师和学生在课堂内都能接入计算机或平板电脑等数字设备，能够连接因特网	教师和学生在课堂内都不能接入计算机或平板电脑等数字设备，不能连接因特网
数字教学资源获取	教师和学生在课堂内都能获取数字教学资源	教师和学生在课堂内都不能获取数字教学资源

续表

维度	TRC	TPC
课堂内技术应用	教师在课堂上使用技术手段分发教学材料； 学生在课堂上使用技术手段把学习成果展示给全班学生	教师在课堂上使用传统手段分发教学材料； 学生在课堂上使用传统方法把学习成果展示给全班学生

以上三个维度中的各元素取并集，从大样本中进行筛选，得到4046份TRC样本，占总样本的18.9%，3376份TPC样本，占总样本的15.8%。样本的人口统计学资料如表4—5所示。

表4—5　　样本的人口统计学资料（nTRC = 4046，nTPC = 3376）

	教龄			职称			
	≥10年	6—10年	≤6	高级	一级	二级	特级+三级
TRC（%）	58.00	18.10	23.90	40.30	42.80	12.80	4.10
TPC（%）	56.90	22.10	21.10	24.50	46.60	25.20	3.70

从表4—4中TRC和TPC的比较，可见高级教师在TRC内的比例明显高于在TPC内的比例，其他人口统计学因素基本相同。极可能的一种解释是，技术使用和教师的专业发展有良性互动，有意愿利用技术促进教学的教师，通过课堂内技术的使用促进了教师专业发展。

在内容呈现方面，“学生能够清晰看见投影屏幕的内容”在TRC的比例为73.70%，而在TPC内的比例仅有52.4%；“PPT课件能促进学生的有效学习”在TRC的比例为97.30%，在TPC的比例为91.80%；“PPT课件可能会妨碍学生消化和吸收知识”在TRC的比例为31.1%，在TPC的比例为20.6%。可见，技术装备精良的教室会促进教学内容的呈现，教师会使用技术促进教学，学生会因此而学习得更加轻松；教师正在谨慎使用技术，使用技术的同时也对技术的作用进行了反思。

在物理环境管理方面，教室内采用的是“秧苗式”的座位布局在TRC的比例为80.50%，在TPC内的比例为89.20%；U形和O形等适合协作学习和小组讨论的座位布局在TRC内的比例为19.50%，在TPC内的比例为10.8%；“为适应不同教学而经常调整座位布局”在TRC内的比例为43.00%，在TPC内的比例仅为12.60%。可见，虽然当前课堂内座位布局仍是以秧苗式为主，但利用技术促进教与学的教师正在逐步变化座位布局，以便采用灵活多样的教学法。“在课堂教学过程中，为适应教学需要而经常调整讲桌位置”在TRC内的比例为43.00%，在TPC内的比例为12.60%，TRC内教师经常调整课桌位置的比例明显高于TPC，这说明多样的教学需要采用灵活的讲桌布局。

在课堂交互及技术支持方面，学生经常在课堂上合作完成任务在TRC内的比例为33.80%，在TPC内的比例为6.10%；小组内同学经常通过互动学习在TRC内的比例为33.30%，在TPC内的比例为5.80%；“技术的使用使学生和老师的讨论机会增多”在TRC内的比例为34.70%，在TPC内的比例为6.00%；“技术的使用使学生和学生的讨论机会增多”在TRC内的比例为34.90，在TPC内的比例为5.90%。可见在TRC内合作学习和生生互动的比例明显高于TPC，在TRC内技术在促进师生互动和生生互动方面发挥了更大作用。

3. 调查结论

20世纪90年代后期我国开始了大规模的教育信息化基础设施建设，调查结果表明，课堂信息化建设在浙江省取得了显著的成绩，多数城乡教室都配备了计算机和投影仪等多媒体设备。然而在课堂物理环境和技术配置、技术在课堂内的应用等方面城乡差距依然明显。即使在城市地区和重点中学，技术在课堂内促进学习的应用仍然比较初级，信息技术与课程整合的力度仍需加大。信息技术的课堂应用会推动教师专业发展。具体来说，主要包括以下几个方面。

（1）课堂内教学内容呈现的质量有待提升。借助于多媒体的教学内容呈现是课堂内最重要的一个要素，是连接教师和学生，传递学习内容的重要纽带。教学内容呈现的质量对学生视力和认知都有重要影响。但调查表明，有1/3的教师认为学生不能清晰地看到投影屏幕的内容。教室内的投影设备等和教学内容呈现相关的设备需要改善以便适合教师和学生的需求。在肯定PPT作用的同时，有教师在对PPT的使用进行了深入反思，认为PPT课件可能会妨碍学生消化和吸收知识。多媒体呈现内容的堆砌，可能会妨碍学生对内容的消化；多媒体呈现工具的“间断性”展示，可能会割裂教学内容的前后联系。

（2）教室的座位布局仍采用“秧苗式”为主。然而大量研究表明不同的座位布局适应不同的教学方式，“秧苗式”的座位布局适合传递接受的教学模式，而U形和O形的座位布局则适合协作和探究的学习模式。调查表明已经有教师为了采用多种教学法，开始改变教室的座位布局，这些教师在TRC的比例明显偏高，证明在TRC内的教师更能接受和采用新型的教学方式，技术和教学产生了良性的互动。同时TRC内高级职称教师的比例明显偏高，而其他人口学特征基本相似，证明课堂内技术的使用和教师专业发展也形成了良好的互动。

（3）课堂内电子设备和网络接入的比例偏低，教师和学生难以获取优质教学资源。研究表明人手一台电子设备是促进课堂面对面交互的必备条件,[①] 至少需要让一组学生拥有一台电子设备,并配备共享屏幕,人手一只鼠标,以便模拟人手一台电子设备的情景。因为一台设备通常是小组矛盾的根源,很难促进小组合作学习。虽然学习资源的建设和共享开展多年,但教师在课堂内仍然难以获取教学资源,这是阻碍教师采用自主探究学习方式的一个重要因素。

(4)教师正在逐步使用技术手段促进课堂交互,但技术在促进生生交互和师生交互方面仍须加强;课堂内的声、光、气、温等物理条件城乡差距最为明显,需要改善的程度不一;课堂教学行为可以从教学语言的运用、教学内容的安排、教学活动的组织、教学时间的控制、技术使用的时间等方面记录和分析;课堂学习行为可以从学生认真听讲的时间、参与活动的时间、自主学习的时间等方面记录和分析。

通过调查发现,课堂物理环境的配置和技术装备能基本满足教师的教学需求和学生的学习需要,但在支持新型学习方式方面显得不够;技术丰富的课堂环境虽然更能支持新型学习方式,但在内容呈现、环境管理和资源接入方面还需要进一步增强。同时,调查结果表明用SMART模型的五个维度来考察课堂物理环境能够较为全面地反映课堂的真实情况;但及时交互维度主要反映的是学生和教师之间的知识传递方式,难以从物理环境方面考察,因此不作为本书物理环境研究的指标。因为技术的配置和使用对课堂教学和学习具有重要影响,本书的重点是考察技术促进的课堂环境,因此我们把技术增强(Technology Enhancement,简

---

① T. W. Chan, J. Roschelle, S. Hsi, Kinshuk, M. Sharples, T. Brown, C. Patton, J. Cherniavsky, R. Pea, C. Norris, E. Soloway, N. Balacheff, M. Scardamalia, P. Dillenbourg, C. K. Looi, M. Milrad, & U. Hoppe, "One-to-one Technology-enhanced Learning: An Opportunity for Global Research Collaboration", *Research and Practice in Technology Enhanced Learning*, Vol. 1, No. 1, 2006, pp. 3 - 29.

称 E）作为考察课堂物理环境的一个要素。我们借鉴课堂环境问卷 TICI 中对技术增强的描述，从技术对促进课程内容丰富、增强疑难知识理解、缩短内容浏览时间、变换概念解释方式、加强内容呈现方式五个方面考察技术促进学习的作用。至此，本书研究课堂物理环境的框架模型，包含内容呈现、环境管理、资源获取、情景感知、技术增强五个要素，简称课堂物理环境 SMATE 模型，如图 4—3 所示。

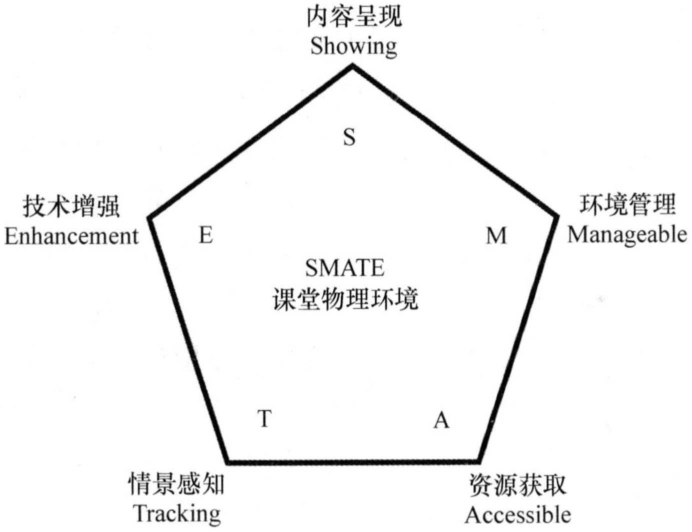

图 4—3　课堂物理环境 SMATE 模型

二　课堂社会心理环境

课堂社会心理环境是指教师和学生以及学生和学生之间的关系，一般通过学生或教师对所处课堂的直觉或感受（Perception）来测量，是决定和预测学生发展的潜在因素。[①] 国内外对于课堂社

① 田友谊：《国外课堂环境研究新进展》，《上海教育科研》2003 年第 12 期。

会心理环境的研究关注的重点在于结构分析和测量，是一个研究相对成熟的领域。大量研究表明，当课堂环境是亲密、支持、任务取向，并且有秩序时，它对学生各个方面都会有正面的影响，即当课堂环境的三个层面（关系层面、个人发展层面、系统维持与改变层面）都得到增强的话，学生的认知过程能够得到加强，学生的学业成绩能够获得提升。[①]

课堂社会心理环境一般通过课堂环境测量工具来获取。穆斯1974年提出了课堂环境的三个维度，即关系维度、个人维度、系统维持和改变维度。课堂环境测量工具的指标，一般根据这三个维度进行细化，主要包括教师对学生的学习支持，学生参与活动的积极性，课堂上开展探究学习的情况，学生合作完成学习任务的情况，课堂上老师和学生及学生和学生之间的平等关系等方面进行调查。技术的元素引入课堂环境研究之后，视听环境、计算机使用、技术增强等因素也逐渐引起关注。

课堂发生情况量表WIHIC是一个应用范围最广的量表，由Aldridge（2000）等开发，主要适用于中学的研究。目前WIHIC量表在很多国家和地区翻译成不同语言，经过大量的样本测试证明了其可信性和可靠性。WIHIC量表主要包括学生亲和（Student Cohesiveness，简称SC），教师支持（Teacher Support，简称TS），学生参与（Involvement，简称IN），探究（Investigation，简称IV），任务取向（Task Orientation，简称TO），合作（Cooperation，简称CO），平等（Equity，简称EQ）七个维度；同学亲和（SC）主要指学生彼此认识、帮助及互相支持的情况，教师支持（TS）主要指教师在课堂上给学生帮助的情况，学生参与（IN）主要指学生参与课堂的兴趣和参与度，探究（IV）主要指学生探究的过程和能力

① A. SandraK & G. L. Norman, *Handbook of Research on Science Education*, London: Taylor & Francis, 2007, pp. 103 - 124.

以及将探究用于问题解决的情况，任务取向（TO）主要指学生完成教学活动及专注于课堂的情况，合作（CO）主要指课堂内小组合作的情况，平等（EQ）主要指教师是否以平等的方式对待学生。

鉴于自主、探究和合作是数字一代学习者所偏好的学习方式，也是新课改对学习方式改革的要求，本研究的目标是面向数字一代学习者的课堂环境评测，因此我们重点关注课堂上的教师支持（TS）、学生参与（IN）、课堂探究（IV）、任务取向（TO）和合作学习（CO），并把这五个维度作为课堂社会心理环境的检测指标，如图 4—4 所示。

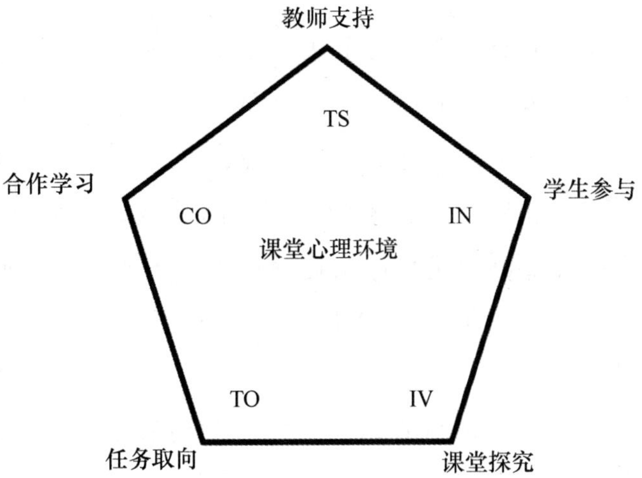

图 4—4　课堂社会心理环境要素

课堂社会心理环境的决定因素是教师和学生在课堂上的互动方式，根源于教师课堂采用的教学法。改变传统的以教师为中心的教学结构，形成教师主导、学生主体的教学结构，会推动课堂社会心理环境的改善。根据第三章的结论，可以从学习材料、内容序列、教学法、师生角色、评价方式和学习结果六个方面入手。改变传统的记忆和回忆为主的学习材料为理解和发现的学习材料，改变传统的具体的、割裂的知识和统一的内容为知识框架、概念图式和个性化、层次化的内容，改变传统的传递接受式的教学和重复强化为主动建构的学习和迁移深化，改变传统的师生角色（教师 = 指挥官、学生 = 听众）为新型师生关系（教师 = 朋友 + 导师、学生 = 参与者），改变传统的总结性评价方式为形成性评价和总结性评价相结合的方式，改变传统的学习结果模式（作业 + 考试）为向学习者提供个性化和明确的努力目标。

三　小结

国外课堂环境的研究经历了从关注物理环境，到关注心理环境，再到两者并重的研究历程，国内课堂环境的研究往往从心理学和教育学的角度来考量课堂心理环境，对物理环境的研究关注较少，也很少关注课堂内技术的作用。随着技术的发展和进步，当今的技术条件能够为优化课堂物理环境提供条件。因此本研究首先基于课堂物理环境的 SMART 模型调查了当今课堂物理环境的现状。

对课堂物理环境的调查结果表明教学内容呈现、环境管理、资源接入和环境感知等方面在城乡之间存在差异，需要不同程度的增强；课堂物理环境对教师在课堂内技术的采纳有重要影响，也因此对教学法和课堂互动方式有重要影响。TRC 和 TPC 的比较表明，技术在课堂内的使用会推动课堂教学和促进教师的专业发展。在此基础上，我们提出了 SMATE 模型作为考察课堂物理环境的框架。

新课改开展了 10 余年，而当前学术界对课堂学习方式的改变仍存质疑，众多研究者指出新课改所倡导的自主、探究和合作的学习方式在课堂上仍不多见。而数字一代学习者的学习偏好呈现出

“用技术”“爱交互”“重体验”“喜结构化和连接式学习”等特征。为面向数字一代学习者研究课堂环境，本研究从课堂社会心理环境的要素中抽取教师支持、学生参与、探究、任务取向和合作作为考量课堂社会心理环境的指标，以考察课堂上自主、探究和合作等学习方式的开展情况。

在综合考虑课堂物理环境、社会心理环境的影响因素和评价指标的基础上，结合数字一代学习者的学习偏好，融入新型学习模式的要求，我们提出了技术促进学习的课堂环境评测指标初稿（Classroom Environment Evaluation Indicator，简称CEEI)，如表4—6所示。

表4—6　**课堂环境评测指标初稿（CEEI）**

一级指标	二级指标	三级指标	编码
物理环境	内容呈现（S）	清晰地听到老师的讲课声音	S1
		清晰地听到班里同学回答问题的声音	S2
		清晰地看到投影屏幕上的内容	S3
		方便地把学习成果呈现给老师和全班同学	S4
		喜欢老师使用PPT的形式呈现教学内容	S5
	课堂管理（M）	教室座位布局满足合作和探究的需求	M1
		讲台在教室中的位置灵活、合理	M2
		黑板和投影的安装位置合理	M3
		老师会用技术手段分发学习材料	M4
		老师会注意到学生的学习行为	M5
	资源获取（A）	学生能轻松接入因特网	A1
		学生能获取各种数字资源	A2
		学生能与同伴分享我的资源	A3
		老师能轻松接入因特网	A4
		老师使用多种数字资源	A5

续表

一级指标	二级指标	三级指标	编码
物理环境	情景感知（T）	教室内光线充足，适合阅读	T1
		教室内光线柔和，看投影屏幕的内容很清晰	T2
		教室内一年四季温度适中，学习舒适	T3
		教室内很少听到噪音	T4
		教室内空气清新	T5
	技术增强（E）	技术使用使课程内容更加丰富	E1
		技术使用使学生能更容易理解相关知识	E2
		技术使用使教师可以提供更多真实世界的现象	E3
		技术使用使学生能以不同的方式解释概念	E4
		技术使用使学生浏览课程内容的时间缩短	E5
社会心理环境	教师支持（TS）	老师会关心学生个体的学习	TS1
		老师会留意学生个体的感受	TS2
		当学生个体有问题时老师会帮助学生	TS3
		老师会走到学生座位前和学生讨论问题	TS4
		老师所问的问题有助于学生对知识的理解	TS5
	学生参与（IN）	学生会发表自己的想法	IN1
		老师会问学生问题	IN2
		学生的想法或建议会引发课堂讨论	IN3
		学生会向老师问问题	IN4
		学生会向其他同学解释自己的想法	IN5
	课堂探究（IV）	学生会用探究的方法来验证自己的想法	IV1
		学生会对自己的结论提出证据	IV2
		对讨论中产生的问题，学生会用研究方式来找出答案	IV3
		对自己疑惑的问题，学生会用探究的方法来找寻答案	IV4
		对老师所提的问题，我会用探究的方法来找出答案	IV5

续表

一级指标	二级指标	三级指标	编码
社会心理环境	任务取向（TO）	学生会尽力完成被交代的任务	TO1
		学生知道这一节课的学习目标	TO2
		学生知道自己所要完成的任务	TO3
		学生在上课时很用心	TO4
		学生能设法理解老师所讲授的内容	TO5
	合作学习（CO）	学生会和同学合作完成老师所布置的任务	CO1
		完成任务时，学生会和同学分享搜集的图书和资料	CO2
		当我在小组活动时，同学间能以团队方式合作	CO3
		学生能从其他同学那里学到知识	CO4
		同学们经常一起努力以完成学习目标	CO5

第二节　课堂环境评测量表

评测是课堂环境改善的前提条件，“没有了解就没有发言权”，同样没有对当前课堂环境的了解，就没有办法提出有针对性的改善方法。因此我们在对课堂环境评测指标进行完善的基础上，编制了课堂环境评测量表，并对量表的信度和效度进行了验证性分析。

一　量表编制过程

我们首先对上节提出的课堂环境评测指标进行讨论，主要针对结构的清晰性、完备性和可测量性等方面对指标提出了有针对性的修改建议。在此基础上我们编制了技术促进学习的课堂环境评测量表（Classroom Environment Evaluation Scale，简称 CEES），邀请5名教育专家和教育技术专家对量表的结构和问题进行了论证和修改，最终形成的量表结构如表4—7所示。

表4—7 课堂环境评测量表（CEES）的结构

维度	含义	题目数
内容呈现（S）	课堂教学内容和学习内容呈现的清晰性	5
课堂管理（M）	教室内硬件条件和学习管理的方便性	5
资源获取（A）	课堂上获取和分享资源的便利性	5
情景感知（T）	教室内的声、光、气、温的舒适性	5
技术增强（E）	学生对技术促进学习的感知	5
教师支持（TS）	课堂上教师对学生的支持	5
学生参与（IN）	学生参与课堂的程度	5
课堂探究（IV）	学生探究的过程和能力以及将探究用于问题解决的情况	5
任务取向（TO）	学生完成教学活动及专注于课堂的情况	5
合作学习（CO）	学生在课堂内小组合作的情况	5

量表采用5级李克特量表，对问题中的描述，受访者可以选择1—5之间的一个数字，1代表“从来没有”，5代表“总是如此”。

二 量表信效度分析

我们用课堂环境评测量表CEES对SDFZ学校的初中和高中学生进行了调查。共289名学生参与调查，其中初中一年级学生87人，占总人数的30.1%；初中二年级学生73人，占总人数的25.3%。高中一年级学生70人，占总人数的24.2%；高中二年级学生58人，占总人数的20.1%。参与调查的学生平均年龄在14.68岁，主要集中在13—17岁年龄段。最小年龄为12岁，最大为18岁。其中受访学生中年龄为13—14岁的学生占到了49.1%；16—17岁学生占到了38.5%。

共回收问卷289份，其中有效问卷285份，其中4份问卷因为反向题目的回答自相矛盾而被排除。问卷整体的内部一致性系数 α =0.971，证明本问卷整体具有较高的内部一致性信度。根据 Nunnally 的建议，[①] 内部一致性信度系数 Cronbach's α 大于0.7，即表明问卷具有较高的内部一致性。本研究量表各个维度的 Cronbach's Alpha 如表4—8所示，课堂探究最高达到0.95，情景感知最小有0.77，说明本研究量表的信度达到一定水准。

表4—8　　评测量表各维度的 Cronbach's Alpha 值

维度	内容呈现	课堂管理	资源获取	情景感知	技术增强	教师支持	学生参与	课堂探究	任务取向	合作学习
α	0.81	0.84	0.87	0.77	0.93	0.90	0.91	0.95	0.92	0.93

在课堂环境评测指标的研究过程中，专家调查法保证了内容效度，因此这里主要采用验证性因子分析（Confirmatory Factor Analysis，CFA）考察结构效度。各个二级维度的因子分析显示 KMO 检验最小为0.773，一般维持在0.873左右，均大于0.5，通常认为，此值越大，进行因子分析的效果越好；而 P 值（Sig. 均为0.000）小于0.005，所以均符合因子分析条件。验证性因素分析结果表明，因子载荷在0.610至0.943之间。根据 Bogozzi 和 Yi 提出的准则，[②] 因子载荷最好介于0.50至0.95之间，以上因子载荷量均在合适的范围之内，如图4—5所示。

在得到因子载荷之后，还需借助整体拟合指数对模型进行评价。模型的拟合度指数如表4—9所示。根据模型适配度评价标准：

---

① J. C. Nunnally, *Psychmetric Theory*, NY: McGraw-Hill, 1978.

② R. P. Bagozzi & Y. Yi, "On the Evaluation of Structural Equation Models", *Academic of Marketing Science*, Vol. 16, No. 1, 1988, pp. 74 -94.

卡方自由度越接近 1 越好，小于 1 则说明适配过度，小于 2 时，模型适配较好，大于 2 小于 5，为可接受；RMSEA 值在小于 0.05 时，模型适配非常好，0.05 至 0.08 之间，适配良好之间，0.08 至 0.10 为可以接受，大于 0.10 则不可以接受；GFI、AGFI、NFI、CFI、IFI 的值愈接近 1，适配愈好，大于 0.90，为可以接受。从数据可见，本书提出的课堂环境模型得到了验证。

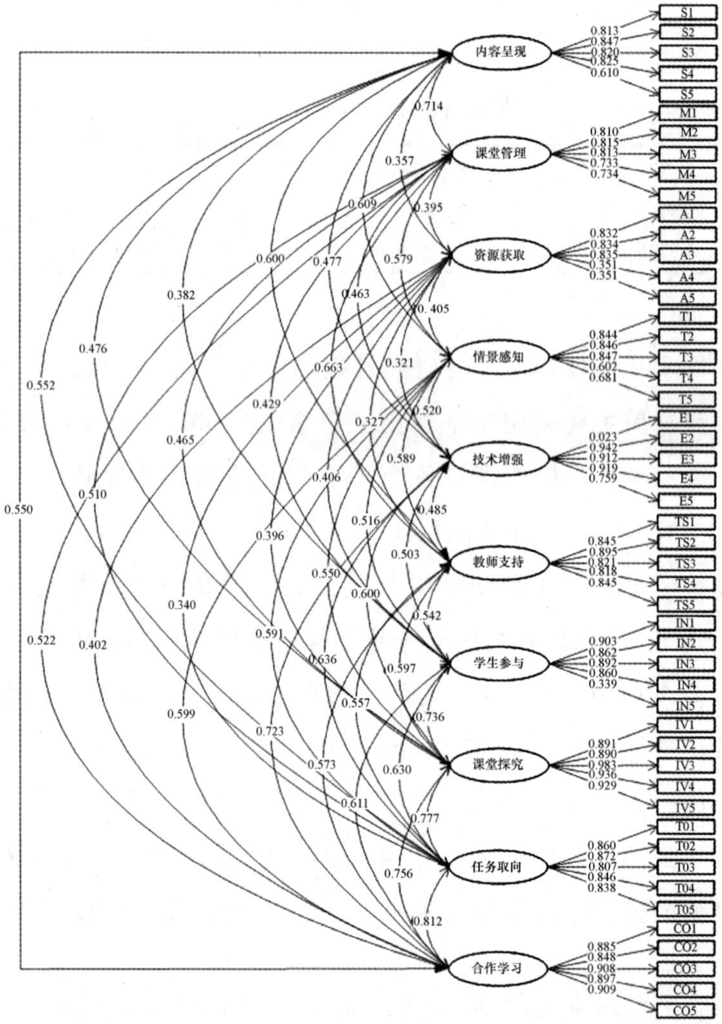

图 4—5 因子载荷分析结果

表 4—9　　**拟合度指数**

χ^2/df	GFI	CFI	NFI	IFI	RMSEA	ACI	BCC
2.34	0.894	0.914	0.928	0.923	0.056	0.923	0.943

三　调查结果分析与讨论

（一）课堂物理环境观察和描述

本研究所调查的学校教室位于 1998 年建的教学楼中，近几年利用抗震加护的拨款进行了重新装修，教学楼给人的整体感觉比较干净、整洁，如图 4—6 所示。

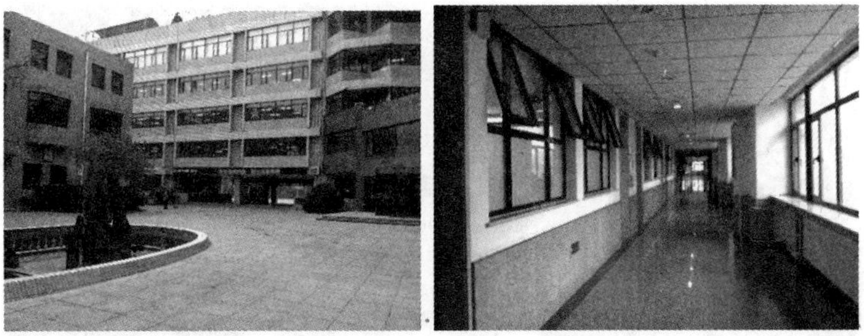

图 4—6　教学楼整体印象和楼内走廊

教学楼中通过张贴学生的文学和艺术作品，通过在每个教室外面展示班级文化板报，凸显学校和班级的文化氛围，如图 4—7 所示。

图 4—7　教学楼内的学生作品墙及教室旁边的班级文化板报

初中和高中教室的配置情况基本相同，教室的平面结构及实拍照片如图 4—8 所示，长 8.1 米，宽 8.4 米。每个教室内有 5 排座位，每排 8 名同学，教师讲台和中控位于教室正中央，投影屏幕位于右侧，弧形黑板。教室内有 3 排日光灯，每排 3 个；有 4 个吊扇，并配有中央空调；教室内的两个扬声器分布于黑板两侧。每个教室内配有教师机 1 台和学生机 1 台（据说学生机经常是损坏和无用的状态），无线覆盖到教室，但是必须绑定硬件的物理地址才能上网，学生没有办法在课堂上接入无线网络。

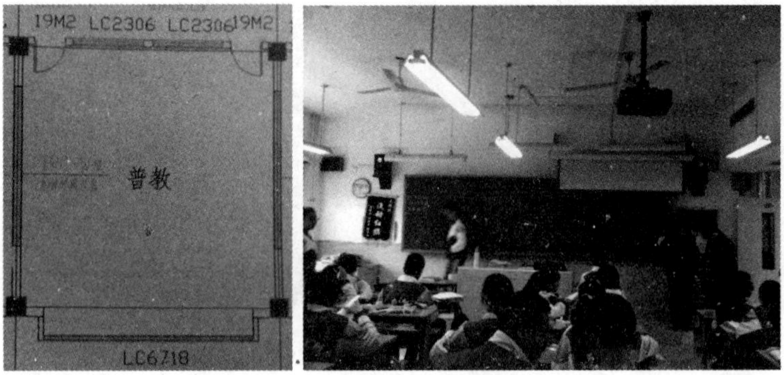

图 4—8　教室平面结构及实拍照片

（二）问卷结果分析

1. 学生对课堂物理环境的感知

本研究所关注的课堂物理环境包括五个维度，即内容呈现、课堂管理、资源获取、情景感知和技术增强。

内容呈现的五个维度分别关注于教师和同学的声音清晰性、屏幕内容的清晰性、及时呈现学习结果以及对 PPT 授课的态度。调查数据显示，学生对教室环境中内容呈现的各个维度都比较满意，最高为 4.74，代表学生能在教室内清晰地听教师的教学；最低也达到了 4.20，代表学生认为在课堂上能把学习结果呈现给教师和同学。

课堂管理维度主要调查座位布局满足协作和探究、讲台的位置、黑板和投影的位置、技术手段分发材料和教师注意学生的学习行为五个方面。座位布局满足协作和探究的值最低，为 3.91；其次为黑板和投影位置、使用技术手段分发材料，分别为 4.01 和 4.05。

资源获取维度主要调查学生和教师在课堂上接入互联网、获取数字资源和分享数字资源等几个方面。调查结果显示，学生在课堂上接入互联网和获取数字资源的值分别为 2.18 和 2.64，这代表学生在课堂上几乎不能接入互联网和获取数字资源。学生在课堂上分享资源的值为 2.97，教师接入因特网的值为 3.25，教师使用多种数字资源的值为 3.74。

情景感知维度主要调查学生对教室内光线和温度的舒适性的感知、对学习行为和教学行为记录的需求等。“教室内光线充足，适合阅读”的均值为 4.42，“教室内一年四季温度适中，学习舒适”的均值为 3.87。可见学生对教室内光线的感知相对理想，教室内的温度控制需要加强。

技术增强维度主要调查学生对技术在课堂作用的感知，包括“课程内容更加丰富”“我能更容易理解相关知识”“教师提供更多真实世界的现象”“我能以不同方式解释概念”“浏览课程内容的时间缩短”五个方面。最后一项得分为 3.87 分，其余四项均在 4.2 分左右，可见学生对技术增强学习持积极的态度，但在技术促进浏览课程内容的效率提升方面还有所保留。

2. 学生对课堂社会心理环境的感知

社会心理环境主要调查学生对课堂上教师支持、学生参与、课堂探究、任务取向和合作学习的感知。

教师支持维度主要调查学生在课堂上得到老师帮助和支持的情

况，主要包括“老师会关心我的学习”“老师会留意我的感受”“当我有问题时，老师会帮助我”“老师会走到我的座位前和我讨论问题”“老师所问的问题有助于我对知识的理解”五个方面。该维度各个指标的值依次为4.21、4.03、4.40、3.70、4.31，表示学生能在课堂上感受到教师对自己学习的支持和帮助，但是对单个学生个体的关注仍需加强。

学生参与维度主要调查学生的课堂参与情况，主要包括：“我会发表我的想法”“老师会问我问题”“我的想法或建议会引发课堂讨论”“我曾向老师问问题”“我会向其他同学解释我的想法”等五个方面。调查结果显示，各个方面的均值都低于4，最低为3.12，这表明学生的课堂参与度偏低。

课堂探究维度主要调查探究的方法和探究的思想，包括“我用探究的方法来验证我的想法”“我会对自己的结论提出证据”“对讨论中产生的问题，我会用研究方式来找出答案”“对自己疑惑的问题，我会用探究的方法来找寻答案”“对老师所提的问题，我会用探究的方法来找出答案”。调查结果显示，学生课堂探究的各个指标都小于4.00，这表明在课堂上，学生很少使用探究的方法和思想来解决问题，作为新课标重点强调的探究能力在课堂上应该加强。

任务取向维度主要调查学生在课堂上对学习任务和学习内容的聚焦情况，包括“我会尽力完成被交代的任务”“我知道这一节课的学习目标”“我知道自己所要完成的任务”“我在上课时很用心”“我设法理解老师所讲授的内容”五个方面。调查结果显示，第一个方面和最后一方面的值分别为4.43和4.41；学生学习的目标意识相对比较明确，第二方面的值为4.04，在课堂上教师可以加强对学习目标的强化。

合作学习维度主要调查学生对课堂合作的感知，包括“我会和同学合作完成老师所布置的任务”“完成任务时，我会和同学分享我搜集的图书和资料”“当我在小组活动时，同学间能以团队方式合作”“我能从其他同学那里学到知识”“同学们经常和我一起努力以完成学习目标”。调查结果显示，各个指标的值除第二项得分为3.91外，其余的都在4.00左右，这表明学生对课堂上合作学习开展情况的感知相对积极，但在分享资料方面有待加强。

3. 课堂物理环境和社会心理环境的关系分析

本研究用多元回归分析的方法来探讨课堂物理环境和社会心理环境的关系，5个物理环境的维度作为5个变量来表征课堂物理环境，5个心理环境的维度作为5个变量来表征课堂社会心理环境，每个变量的值为该维度的所有题目的平均值。

多元回归结果如表4—10所示，我们容易发现：显著性水平为0.01的情况下，内容呈现与任务取向，课堂管理与教师支持，及时互动与教师支持、学生参与、课堂探究、合作学习，情景感知与任务取向，技术增强与学生参与、课堂探究、任务取向、合作学习等之间的值均为正，它们之间存在显著正相关。这些数据表明物理环境会影响社会心理环境，从而影响学生的学业成绩。在考虑课堂环境时，必须综合考虑物理环境和社会心理环境的因素。

表 4—10　　**课堂物理环境和社会心理环境的多元回归结果（n = 289）**

物理环境变量	社会心理环境变量									
	教师支持		学生参与		课堂探究		任务取向		合作学习	
	r	β	r	β	r	β	r	β	r	β
内容呈现	0.600**	0.097	0.382**	-0.106	0.476**	0.019	0.552**	0.153*	0.550**	0.096
课堂管理	0.663**	0.325**	0.429**	0.045	0.465**	0.004	0.510**	0.0416	0.522**	0.016
资源获取	0.327**	-0.102	0.406**	0.057	0.396**	0.037	0.340**	0.004	0.402**	0.033
情景感知	0.589**	0.126*	0.516**	0.146*	0.550**	0.121*	0.591**	0.207**	0.599**	0.131*
技术增强	0.485**	0.096*	0.503**	0.236**	0.600**	0.349**	0.636**	0.385**	0.723**	0.489**
Multiple correlation (R)		0.761		0.684		0.725		0.728		0.799

注：* $P < 0.05$，** $P < 0.01$。

第三节　面向数字一代学习者的课堂环境优化

一　设计学生的学习体验

用户体验，主要指一个人在使用特定产品、系统或者服务时的感受；[①] “学习体验”一词借鉴用户体验的界定，主要指学生在学习过程中的主观感受，可以指在正式的学习场景中的感受，也可指在非正式和非正规的学习场景中的感受。“学习体验”一词在传统的教育文献中很难见到，但是学生的学习体验却实实在在存在着，而且随着技术与学习逐渐融合的趋势，体验显得愈来愈重要。

在数字环境下成长起来的学习者具有一些显著特征，如用技术、强交互、重体验、多任务、喜欢结构化和连接式学习等偏好。布朗根据新型学习者的特征，提出了课堂环境的设计方案以及技术配置的建议，[②] 如表4—11所示。他认为要为新型学习者提供最佳的学习体验，必须根据新型学习者的特征有针对性地设计课堂环境和进行技术配备。他总结的新型学习者特征主要包括小组活动倾向、目标和成就导向、多任务导向、重体验、喜欢视觉表达和爱交互等。根据学习者特征，依据相关的学习理论和原则，如主动学习、多条路径学习、发现学习、合作学习、元认知和形成性评价等，设计适合协作的课堂环境，能及时为学生提供帮助和辅导，配备即时的聊天软件、共享屏幕、无线接入、各种资源和电子档案袋

---

① N. Bevan, "International Standards for Usability Should be more Widely Used", *Journal of Usability Studies*, Vol. 4, No. 3, 2009, pp. 106 - 113.

② M. Brown, "Learning spaces", In D. G. Oblinger & J. L. Oblinger (Eds.), 2005, "Educating the net generation", *EDUCAUSE*, Retrieved August 18, 2012, from (http://www.educause.edu/educatingthenetgen/).

等技术。

表 4—11　　**数字一代学习者与课堂环境设计**

数字一代学习者特征	学习理论原则	课堂环境设计	技术配置
小组活动倾向	合作、协作学习	小组合作空间	即时聊天软件、共享屏幕、虚拟白板
目标和成就导向	元认知、形成性评价	及时为学生提供帮助和辅导	电子档案袋、在线形成性测试
多任务导向	主动学习	多种学习工具	无线网接入
实验、试误	多条学习路径	课桌型实验设备	分析和研究的软件
高度依赖网络	多样学习资源	技术与学习空间要素高度整合	技术设施充分支持学习空间的功能
重体验	鼓励发现	实验设备和重要资源	分析和演示的软件
喜欢视觉表达	小组合作环境要素	共享屏幕（LCD 或投影）；共享打印机	图片库、媒体编辑、编程
爱交互	竞争和挑战的学习材料	教师及时辅导、学生工作台设备	各种资源

设计学生的学习体验可以从以下五个方面着手：（1）在课堂上，结构化的学习体验包含四个要素，即学习者、教师、知识和学习环境，体验良好的课堂应该是以学习者为中心、教师为学习提供指导、学习者能够获得各种学习资源，并能在课堂环境中愉快、轻松、投入地学习有用的知识。（2）学习体验和课堂环境密不可分。任何学习都发生在环境之中，在课堂学习环境中，学习者与学习内容、知识、技能和专家进行交互，交互的范围和交互的层次都是课堂环境中需要考虑的重要因素。（3）设计学生的学习体验需要牢记——人设计和制造了技术（工具），同时技术（工具）也塑造我

们。在计算机和互联网没有进入教室之前，教师用黑板讲授，学生用笔记本做笔记，此时的学习过程在技术并不丰富的学习环境中展开；20 世纪 90 年代中期 PC 进入课堂，随后 20 世纪末笔记本电脑进入课堂，如今的移动手持设备进入课堂，课堂的技术工具发生了变化。在每个学生人手一台 PC 机的时代、每个学生人手一台笔记本电脑的时代、每个学生人手一个移动手持设备的时代，教师的教学体验和学生的学习体验无疑都在发生着重大的变化。同时，移动互联网时代的来临，学生们都体验到了社交网络的魅力，博客、播客、Wiki、QQ、Skype 等社交软件正在改变着师生之间以及学生之间的交互方式及其关系。(4) 教师是学习体验的指引者，也是学生课堂学习体验的重要设计者，教师需要根据数字一代学习者偏好的学习方式，设计和实施适合数字一代学习者的教学方式。(5) 学习者必然会把他们自己的知识、技能和态度融入自己的学习体验中，因此设计学习体验必须考虑学习者之间的社会性交互，强调在课堂上发挥学生的主动性和贡献性。

在课堂环境中，设计学生的学习体验，首先需要设计课堂环境。理想的课堂学习环境中每个学生人手一台智能移动设备（如 iPad），移动设备的屏幕大小和纸质课本大小基本相同，能模拟传统纸质教材的翻书效果，并实现纸质教材的全部功能，如做笔记，插入书签，做标注和批注等，同时也能实现学习内容的富媒体化、知识点微型化、评价可视化等融合先进教学理念的技术特征。在理想的课堂环境中，教师可利用虚拟现实技术或增强现实技术为学生呈现各种真实的学习场景，从而增强学习动机、提高学习兴趣，使学生能投入地体验学习。教师可以使用课堂管理系统，灵活地控制学习终端，实时推送相关学习资源，督促学生积极学习；教师可根据学习者特征和协作学习原则，对全体学生进行快速分组，方便地开展协作学习；学生可以利用系统提供的可视化交互软件，与同伴和教师进行及时互动；学生可以使用投票器软件与教师实时互动，教师可以及时获得学生的答案，根据学习情况及时调整教学节奏。智能教学分析软件能够提供智能化的教学设计，以支持教师进行课堂教学设计。

二 课堂环境优化方案

理想的学习环境固然能够为学习者提供最佳的学习体验，然而建造理想的学习环境需要大量的资金和人力投入；对现有课堂环境进行改造应该是在资金投入和人力投入有限的情况下，改善学生学习体验的一个重要途径。

课堂环境优化的前提是对课堂环境进行评估，本研究提出的评估指标和评估量表可以作为课堂环境评估的工具。大规模的调查可以了解一个区域或一个地区的整体现状，而有针对性地对单所学校调查或者个体课堂调查，可以了解整个学校或者单个课堂的情况。本研究根据 SDFZ 学校课堂环境的调查结果，有针对性地对该校的课堂环境提出了优化方案。

如图 4—9 所示，白线表明该校课堂物理环境五个指标的现状，图中中央浅灰区域为警戒区域，位于该区域的要素及其附带效应需要充分引起注意，并及时改善；图中深灰区域为正常运行区间，位于该区域的要素能基本满足课堂教学需求，但还有提升空间；图中外围浅灰区域为目标区域，位于该区域的要素能使学习者感到舒适，最优化学习体验。由图 4—9 可见，资源获取维度处于中央浅灰警戒区域，需要重点改造。

如图 4—10 所示，白线表示课堂社会心理环境的五个指标的现状，白线全都位于深灰区域，表示学生对该校的课堂社会心理环境基本满意；然而“学生参与”离中央浅灰警戒区域较近时，需要引起警惕，“课堂探究”同样需要加强。

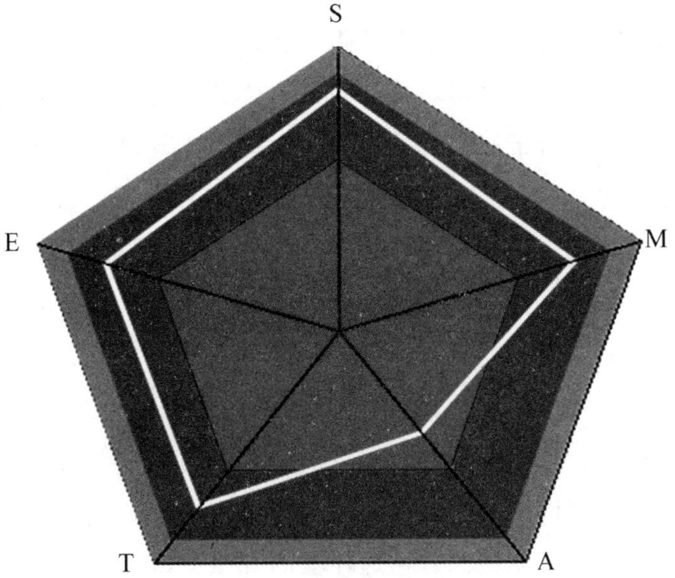

图 4—9　课堂物理环境现状雷达图

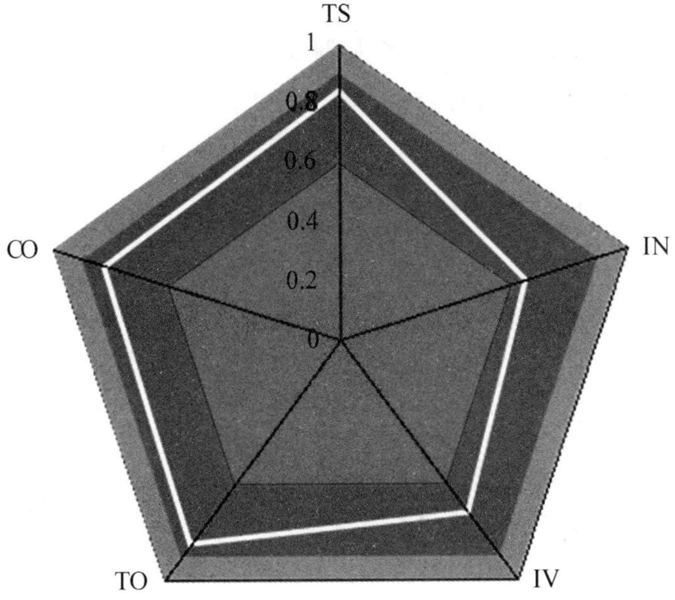

图 4—10　课堂心理环境现状雷达图

综上，该学校能提供良好的课堂环境来满足学生日常学习，但离教育现代化的方向还有很大差距。教育现代化的课堂环境应该能够为学生提供舒适的学习环境，满足多样的学习需求，实现个性化的学习，给学习者带来愉悦的学习体验。课堂环境的改善可以从以下四个方面切入：（1）加强教室内无线网络和电子设备的接入，让学习者可以在教室内轻松获取和分享各种学习资源；（2）改变传统的秧苗式座位布局，采用 O 形或 U 形的座位布局，满足学习者对协作学习和探究学习的需求；（3）改善课堂教学方式，增强学生和学生之间以及学生和教师之间的互动；（4）提高学生参与课堂的积极性和主动性，采用有效的教学方法让学生的学习更加投入。

以上提供了该校课堂环境的补偿和提高策略，然而要实现课堂环境的最优化，需要从课堂物理环境的五个要素和社会心理环境的五个要素出发，进行全面改造。我们把技术促进学习的课堂（Technology Enhanced Learning Classroom，简称 TELC）按照功能不同分为三种类型，如表 4—12 所示。TELC 是以促进学习为目标的技术丰富的课堂，技术的配置主要考虑数字一代学习者的学习需求，并从 SMATE 课堂物理环境的五个功能要素出发，重点强调学生对技术的接入和使用。

1. “高清晰”型 TELC

“高清晰”型 TELC 主要针对“传递接受”的教学模式设计，通常适合于大型的讲座，教师使用语言、文字、图形、图像和视频的手段来给学生呈现材料，学生则主要通过教师讲授和呈现的材料来掌握前人的知识与经验。这种类型技术促进学习的课堂可以通过采用无线投影技术、支持手势识别的自然交互方式、多个显示屏等来实现教学内容呈现，可以采用“秧苗式”的座位布局，教师可以通过无线和有线方式获取资源，教师主要采用语言、姿势和表情与学生进行互动。

表 4—12　　TELC 的三种类型

维度 类型	教学模式	内容呈现	环境管理	资源获取	情景感知	技术增强
“高清晰”型	传递接受	双屏显示 无线投影	“秧苗式”为主	支持讲授的资源和工具	声、光、气、温等自动调节	增强的呈现
“深体验”型	探究式	学生屏幕	多种布局	各种终端接入；丰富的资源和教学工具	声、光、气、温等自动调节	增强的体验
“强交互”型	小组协作	双屏显示或小组共用显示屏	“U 形”和“O 形”为主	个体终端接入；支持协作的资源和工具	声、光、气、温等自动调节	增强的交互

2. “深体验”型 TELC

“深体验”型 TELC 主要针对“探究式”的教学模式而设计，通常适合于 40 人左右的课堂，学生在教师指导下，通过以“自主、探究、合作”为特征的学习方式对当前教学内容中的知识点进行自主学习、深入探究并进行小组合作交流。这种类型技术促进学习的课堂要求人手一台计算机终端或移动设备，能够以无线的方式把学习内容投影到多个屏幕；空间布局相对比较灵活，可以采用“秧苗式”，也可以采用“圆形”；教师可以轻松接入教学资源，学生可以轻松接入学习资源、虚拟实验、仿真教学等资源；学生可通过提交答案、电子投票、实时关注等方式和教师实现及时互动。

3. “强交互”型 TELC

“强交互”型 TELC 主要针对“小组协作”的教学模式而设计，通常适合 30 人以下的小班，学生之间通过互相合作和相互作用来完成学习任务，从而习得知识和技能。这种类型技术促进学习的课堂要求为每个小组提供一个集体绘图区或双屏幕显示，以更好地实现小组协作；空间布局以“U”形和“O”形为主，以便更好地实现小组合作；小组间能以无线方式传输小组协作的资源和工具，能便利接入各种小组活动资源；学生面对面的交互通过设备的富媒体化程序而得到增强。

需要指出的是三种类型的 TELC 在建设之初就必须考虑灵活性，以便实现三种类型课堂转化。

课堂社会心理环境的优化需要教师根据课堂教学目标和教学内容的需求选择不同类型的 TELC，有针对性地设计教学法。考虑到新型学习者的特征，在设计教学法时可以从学习材料、内容序列、师生角色、评价方式和学习结果五个方面来考虑，如表 4—13 所示。这正是传统学习方式和新型学习方式的巨大差异，也是传统课堂教学难以满足数字一代学习者学习偏好的主要原因。

表 4—13 **传统学习方式和新型学习方式**

	传统学习方式	新型学习方式
学习材料	记忆	理解
	回忆	发现
内容序列	具体知识	知识框架
	割裂的知识	概念图式
	统一的内容	个性化、层次化的内容
师生角色	教师 = 指挥官	教师 = 朋友 + 导师
	学生 = 听众	学生 = 参与者 强调生生合作
评价方式	总结性评价	形成性评价（真实性评估和有效性建议） + 总结性评价
学习结果	课后作业 + 考试	个性化、明确的某个努力目标

第五章

TELC 和 TC 课堂环境的对比实验

在考虑数字一代学习者学习偏好的基础上，我们提出了技术促进学习的课堂环境评测方法和优化方案，本章将根据相关指标设计技术促进学习的课堂环境，并重点分析“强交互”型技术促进学习的课堂环境（Technology Enhanced Learning Classroom，简称 TELC）和传统课堂环境（Traditional Classroom，简称 TC）下学生对课堂环境的感知和课堂学习行为的差异。我们依据“强交互”型 TELC 的相关指标设计了课堂物理环境，每门课程有一名指导教师（Site Facilitator）负责对教师进行技术融合的教学法指导，力图使教师能够针对新型学习者的特征开展有针对性的、任务驱动的、合作的、体验式的教学，从而创建良好的课堂心理环境。

第一节　相关研究分析

一　TRC 项目

TRC（Technology Rich Classrooms）是美国堪萨斯州教育部资助的一个教育技术项目 Title II – D，是为了响应 No Child Left Behind 法案而设立的通过技术促进学习的项目。Title II – D 项目的目标是通过在小学和中学使用技术促进学生的学业提升，同时推动技术资源和系统的整合以及教师专业发展和课程的发展。TRC 的目标是研究技术丰富的教室环境和教师专业发展如何推动教室环境的积极变革以促进学生在阅读、数学和科学方面学习的提升。同时，该项目试图辅助学校实现技术和学习环境的融合，以建立积极的学习环境，促进学习者在这样的环境中逐渐成长为一个问题解决者、研究者、沟通者和技术专家。① 教室的最低配置为：生机比最少 2∶1（笔记本或台式机）、交互式白板、投影仪、幻灯机、打印机、扫描仪、网络接入、支持教学的软件。

自 2003 年以来，已有 80 个学区（School District）接受了堪萨斯州教育部的为期两年的 TRC 项目资助。堪萨斯大学（KU）学习研究中心 CRL（Center for Research on Learning）的技术部负责协调该项目，并对其提供专业支持。Amber Rowland 是 CRL 的一员和 TRC 项目的协调员，他指出，研究表明教师的专业发展是保证技术得到很好使用的关键，必须把教师专业发展和技术使用结合起来。因此项目组给得到资助的每个学区配了 1 个专业指导教师，深入 4 名教师的课堂，与教师开展为期 2 年的合作。专业指导教师主要帮助教师把新技术应用于教学，为教师提供各种专业发展的指导。很多 TRC 教师表示，虽然项目的名称是 Technology Rich Classroom，但该项目却并不是关于技术的项目，而是关于改变教学方式的项目。

技术丰富的教室与传统教室学生成绩的对比（教室取样于 Garden City，该市 60% 的学生家庭并不富裕）显示：技术丰富教室的学生阅读成绩比传统教室学生的阅读成绩高了 13.8%，数学成绩高了 4.2%。

Marilyn Ault 博士等对 TRC 项目的开展进行了理论总结，他认

① “Technology Rich Classrooms Project”, Retrieved April 14, 2012, from (http: //www. kansastrc. org/page/about-the-technology-rich－1).

为 TRC 项目能够最终提高学生的成绩，有两个基本的保障措施。[①]首先，改造课堂环境，使教师和学生可以方便接入各种技术和资源；其次，由于教师对新技术进入课堂的适应需要一个过程，因此需要给授课教师配备指导老师，以便为教师的职业发展提供帮助。这里指导老师会给教师关于技术—教学法—学科知识三者融合的辅导，经常采用 TPACK（技术—教学法—学科知识）模型。

斯坦福大学的 Lee S. Shulman 教授在 1986 年即提出了“学科教学法（内容）知识”（Pedagogical Content Knowledge，简称 PCK）的概念，[②]强调教师除了学科专业知识（Content Knowledge，简称 CK）外，也需积极发展有关学科领域教法的教学法知识（Pedagogical Knowledge，简称 PK），亦即教师要整合并养成具备该学科教学特色的学科教学知识（PCK）能力。PCK（Pedagogical Content Knowledge）是指“学科教学法知识”，由学科知识与教学法知识综合而成。相对于 PK 的通用性教学原理原则，PCK 除了因学科属性不同而在教学上须对学科知识做重新组织与设计外，还需根据学科教学情境的需要调整教学活动，对学生学习中的困难或错误进行诊断、分析与纠正，以及对教与学的过程进行评价等。Shulman 教授的 PCK 框架并未特别强调“技术”在教学上的应用；2006 年密歇根大学的 Punya Mishra 与 Matthew J. Koehler 两位教授在 Shulman 的 PCK 架构基础上，加入了“技术”（Technology）的元素，发表了“技术—教学法—学科知识”（Technological Pedagogical Content

① M. Ault & C. Niileksela, “Technology Rich Classrooms: Effect of the Kansas Model”, 2009, Retrieved September 24, 2013, (http://api.ning.com/files/OBMXUvNCc94Oox8RduGJs3zF7Pp67bKvG-IS0zauCl7kDVcfhUrrhO7Pl-2oM8G5edytcrqN4rw3NRUmex*j-s8t4-EyxX0u/TRC_Effect-OfTheKansasModel_NECC2009.pdf).

② L. S. Shulman, “Those who understand: Knowledge growth in teaching”, *Educational Researcher*, Vol. 15, No. 2, 1986, pp. 4-14.

Knowledge, TPACK）的新架构。[①] 在技术接入和指导教师辅导的基础上，授课教师会采用技术增强的教学手段进行课堂教学，此时往往能收到好的效果，学生的学习成绩能最终获得提升，TRC 改变的理论如图 5—1 所示。

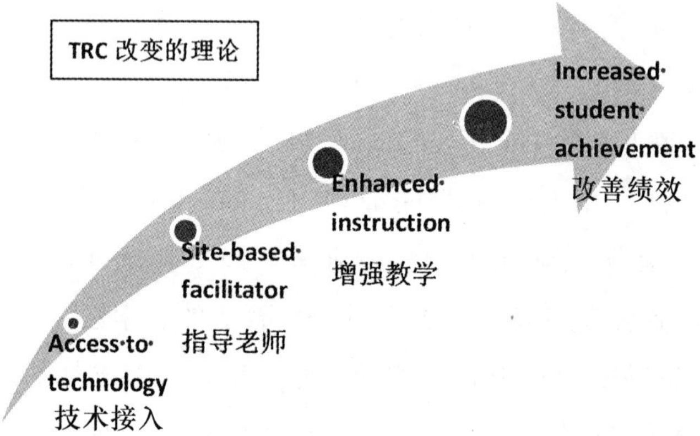

图 5—1　TRC 改变的理论

该项目的成功模式为本研究提供了重要的参考，本研究借鉴 TRC 改变的理论，首先对课堂物理环境进行配置，之后在配置好的教室内配备一位指导教师辅助教师教学，为教师提供教学设计指导和技术使用辅导。然而该项目和第二章文献综述中的其他相关研究，都只关注物理环境的设计，忽略了心理环境的设计；评价的方式只关注结果性评价，缺乏过程性评价。因此本研究在 TELC 设计之时，充分考虑物理环境和课堂心理环境的匹配，从学生的学习感受和体验的角度来对课堂的物理环境和心理环境进行评测，并采用课堂观察和行为编码工具的方法对学生学习行为和教师教学行为进

① P. Mishra & M. J. Koehler, "Technological Pedagogical Content Knowledge: A Framework for Integrating Technology in Teachers' Knowledge", *Teachers College Record*, Vol. 108, No. 6, 2006, pp. 1017 - 1054.

行记录和分析。

二　课堂观察和行为编码

课堂观察是深入研究课堂和课堂行为的一种重要方法，课堂观察框架和工具则是为便于观察者记录而根据研究目的设定的观察"抓手"或"支架"。针对不同目的的研究，研究者往往会开发特定的课堂观察工具，多数的工具关注和跟踪教师的课堂管理行为和教师与学生的课堂交互行为。

教室内的社会互动极为细致和繁杂，为了进行有效的观察，Flanders 在 1970 年提出 FIAS，目的在于运用一套代码系统（Coding System），记录在教室中的师生口语互动情形，以便分析教学行为，进而帮助教师改善教学行为。① Flanders 将教室中所有的师生语言互动的情况，分为 10 个类别，如表 5—1 所示，其中 1 至 7 类均为记录教师对学生说话的状况；第 8 至第 9 类则是记录学生对老师说话的情形；在上课中，除了教师与学生的对话外，还有第 10 类，则是记录教室可能出现的静止状态（安静或混乱）。

表 5—1　　Flanders 口语互动类别

教师话语	学生驱动	1. 接纳学生的情感：以一种不具威胁性的方式，接纳及澄清学生的态度或情感语气，学生的情感可能是正向的，也可能是负向的，这一类也包括预测或回想学生的情感； 2. 称赞或鼓励：称赞或鼓励学生的动作或行为，这一类也包括纾解紧张但不伤人的笑话；点头，或说"嗯（Um hm）"，或说"继续下去（Go on）"等； 3. 接受或利用学生的想法：澄清、扩大或发展学生所提出的意见或想法，这一类包括教师延伸学生的意见或想法，但是当老师呈现较多自己的意见或想法时，则属于第五类；

① N. Flanders, "Analyzing Teacher Behavior", Addison-Wesley: Reading, Mass, 1970.

续表

教师话语		4. 问问题：以教师的意见或想法为基础，询问学生有关内容或步骤的问题，并期待学生回答
	教师主动	5. 演讲：就内容或步骤提供事实或见解；表达教师自己的观念，提出教师自己的解释，或者引述某位权威者（而非学生）的看法； 6. 指示：指示、指令或命令，此类行为具有期望学生服从的功能； 7. 批评学生或维护权威：陈述的语句内容为企图改变学生的行为，从不可接受的形态转变为可接受的形态；责骂学生；说明教师为何采取这种作为；极端的自我参照
学生话语	教师驱动	8. 学生话语—教师驱动：学生为了回应教师所讲的话。教师指定学生答问，或是引发学生说话，或是建构对话情境。学生自由表达自己的想法是受到限制的
	学生主动	9. 学生话语—学生主动：学生主动开启对话。表达自己的想法；引起新的话题；自由地阐述自己的见解和思路，像是提出具有思考性的问题；超越既有的架构
静止		10. 安静或混乱：暂时停顿、短时间的安静或混乱，以至于观察者无法了解师生之间的沟通

Flanders根据观察的次数，统计得到许多变量，以分析教师与学生口语互动的情形，并建立了常模，如表5—2所示。弗兰德斯通过调查发现了所谓的三分之二规则：在课堂教学中，大约有三分之二的课堂时间要用来讲话；这其中，大约三分之二的讲话时间是教师在讲话；教师的讲话中，大约有三分之二是直接影响学生的（如讲授、指导、控制、批评等都是教师对学生的直接影响）；这些打算影响学生的教师讲话中，大约有三分之二无法起到其应有的作用。

表 5—2　　师生口语互动行为比率计算公式与常模

变量	缩写	行为比率计算公式	八年级数学	七年级英语与社会	六年级	四年级	备注
教师话语比率（Percent teacher talk）	TT	[(1+2+3+4+5+6+7)×100]÷(1+2+3+4+5+6+7+8+9+10)	70	61	53	53	常模约为 68
学生话语比率（Percent pupil talk）	PT	[(8+9)×100]÷(1+2+3+4+5+6+7+8+9+10)	19	28	32	29	常模约为 20
教师间接影响与直接影响的比率	i/d ratio	[(1+2+3)×100]÷(6+7)					观察次数大于 1000 次时使用
教师间接影响与直接影响的比率	I/D ratio	[(1+2+3+4)×100]÷(5+6+7)					观察次数少于 1000 次时使用
安静或混乱百分比（Percent silence or confusion）	SC	[(10)×100]÷(1+2+3+4+5+6+7+8+9+10)	11	11	15	18	教学历程中，安静及混乱的情形。常模约为 11 或 12
教师话语——学生驱动比率（Teacher response ratio）	TRR	[(1+2+3)×100]÷(1+2+3+6+7)	35	41	52	51	教师对学生观念和感觉反应的倾向。常模约为 42
教师发问比率（Teacher question ratio）	TQR	(4×100)÷(4+5)	20	26	26	26	教师使用问题方式引导讨论的倾向。常模约为 26
学生话语——学生主动比率（Pupil initiation ratio）	PIR	(9×100)÷(8+9)	35	32	34	35	学生话语中由学生主动引发所占之比例。常模约为 34

虽然 FIAS 是一种著名的课堂观察系统，其方法易于学习和使用，且训练有素的观察者三秒钟做一次标记，一致性颇高，但 FIAS 方法也存在很多问题。其一，它只重视口语行为，不重视非口语行为，而忽略了许多重要的讯息。其二，它重视教师对整个班级的行为，对学生话语的分类（仅有 2 个）太少，较忽略个别学生的行为。其三，重视教师主动的交流，未顾及师生互动的环境及其他也会影响教学效率的因素。同时有二人以上讲话，也很难归类。

因此为有效还原和研究课堂的真实情景，对课堂的观察和记录不应局限于口语行为，课堂行为（包括教师行为和学生行为）的研究应该更加全面。施良方等提出了课堂教学行为的分类，包括主要教学行为、辅助教学行为和课堂管理行为，主要教学行为分为呈示行为、对话行为和指导行为，[①] 如表 5—3 所示。

表 5—3　　课堂教学实施行为分类表

	行为指向	行为类别	决定因素
主要教学行为	直接指向教学目标或需要处理的内容	呈示行为，如语言、文字、声像、动作呈示等	教师培养与培训的质量，教学专业知识与技能，事先准备程度
		对话行为，如问答（发问、候答、叫答、理答）、讨论等	
		指导行为，如阅读指导、练习指导、活动指导等	
辅助教学行为	课堂中的学生或情景中的问题	动机的培养与激发	主要是教师的课堂经验与教师的人格素养、教学机智
		有效的课堂交流	
		课堂强化技术	
		积极的教师期望	

① 施良方、崔允漷主编：《教学理论：课堂教学的原理，策略与研究》，华东师范大学出版社 1999 年版，第 150 页。

续表

	行为指向	行为类别	决定因素
课堂管理行为	课堂中的学生所发生的破坏性行为或偶发事件，教学效率	课堂规则	主要是教师的课堂经验与专业技能，人格素养
		课堂问题行为管理	
		课堂管理模式	

主要教学行为是教师行为分析的主要内容，为本研究提供了重要借鉴。然而学生学习行为的分类是目前研究相对较少的领域，ICOT 工具主要是从分组和学习活动的角度来记录学生的学习行为，分组可以是个人、小组、班级，学习活动则包括听讲、演讲、制作演示材料、模拟仿真、信息搜集、信息处理、写作、考试、练习、操作、讨论等。基于此，我们将学习行为主要分为个体学习行为和合作学习行为，结合教师的呈示行为、指导行为和对话行为，形成了本研究课堂行为编码工具的初稿。邀请了 7 名课程与教学论的专家、教育技术专家和中小学英语名师对课堂行为编码进行了修订，最终形成了本次研究所用的课堂行为编码工具，如表 5—4 所示。

表 5—4　　　　课堂行为编码工具

维度	包含内容	编码
教师呈示（T）	讲解内容	TT1
	示范（演示）某种现象或原理	TT2
	批评或维护权威性	TD3
教师指导（D）	给予学生引导或提示信息	TD4
	给学生提供咨询	TD5
	辅导或答疑	TD6

续表

维度	包含内容	编码
对话（D）	教师提问	TD7
	教师回答学生提问	TD8
	教师接受或使用学生的主张	TD9
	教师表扬或鼓励	TD10
	教师和学生讨论	SD11
学生个体学习（I）	课堂练习（课堂练笔、测试）	SI12
	课本阅读（阅读、画重点）	SI13
	自主听读（自主听读课本中自带的数字材料）	SI14
	分享作品	SI15
学生合作学习（C）	学生讨论（小组讨论）	SC16
	课堂练习	SC17
	角色扮演（小组表演）	SC18
	资料收集（借助网络查找信息，收集资料）	SC19
	分享作品	SC20

第二节　研究设计

一　研究目的

本章通过实验的方法比较在“强交互”型 TELC 课堂和传统的 TC 课堂内，学生的学习行为和对课堂环境感知的差异，进而分析课堂环境要素对学生学习方式的影响，从而明确课堂环境要素的配置方案。

从课堂环境的研究文献可以发现，当前关于课堂环境的研究基本可分为两类，其一是研究课堂物理环境的配备及其评估，其二是研究课堂心理环境的测量及其意义。前者主要从教育学的立场出发，通过实验或准实验的方法，比较新的课堂环境和传统课堂环境的异同；后者则主要从心理学的立场，利用课堂环境量表测量学生或教师对课堂环境的感知，从而预测学生的学业成绩和能力提升。基于教育学立场的课堂观察因其能够真实再现课堂的情景，还原课堂中的各个要素，定量与定性相结合的分析等优势，在课堂环境的研究中占有重要地位；同样基于心理学立场的课堂环境量表则因其能够精确反映行为主体（教师或学生）对课堂环境的感知，并确认这种感知和学生的学业成绩和未来发展有积极的正相关，所以成为一个在心理学内颇具影响力的方向。从研究方法而言，本研究试图将两种研究范式相结合，在综合研究学生对课堂物理环境和心理环境感知的基础上，用课堂观察和行为编码的方法分析学生的学习行为和教师的教学行为。

我们尝试对比技术促进学习的课堂环境 TELC 和传统课堂环境 TC 内学生对于课堂环境感知的差异，从而得出环境要素对教师课堂教学行为和学生课堂学习行为的影响，进而验证和丰富课堂环境各要素的内涵。本研究主要对比学生对物理环境的感知、学生对社会心理环境的感知、教师的教学行为和学生的学习行为四个方面，研究框架如图 5—2 所示。

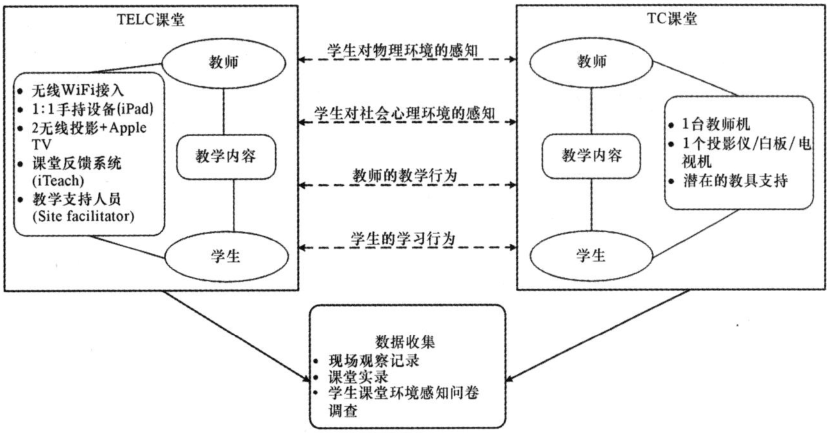

图 5—2　研究框架

本研究中的TELC课堂是指在课堂物理环境中配置了无线WiFi接入，1:1手持设备，2个无线投影和Apple TV设备，iTeach课堂反馈系统等；并为实验班教师配备教学支持人员，从教师有效教学活动设计层面塑造课堂心理环境。TC课堂是指传统的课堂，物理环境配置包括1台能够联网的教师计算机，1个投影仪和其他潜在的教具；教师采用传统的已经习惯的教学法进行授课。

二 参与对象和实验过程

本研究依托北京数字学校（BDS）项目，选择HPL小学四年级的作为开展教学实验的学段。实验组的两个班分别为四年级E1班和E2班，控制组两个班分别为四年级C1班和C2班；实验组的课堂环境配置为图27所示的TELC课堂，控制组的课堂环境配置为图27所示的TC课堂。C1班35名同学，C2班38名学生，E1班共32名学生，E2班38名同学，共143名同学参与实验，其中男生80人，女生63人。

本着自愿的原则，我们选择了两名英语学科的教师参加此次实验研究。两名教师以往所教授班级的学生学习成绩相近，教研组长认为两人的教学方法和教学水平相当。教师1负责实验组的两个班级，教师2负责控制组的两个班级。实验设计如表5—5所示。

表5—5 实验设计

组别	学校与教师					实验处理	数据采集
	HPL小学						
	教师1	教师2	教师1	教师2			
实验组（70人）（两班）	E1（32人）		E2（38人）			（1）物理环境（双屏、无线网、iPad）（2）教学法指导（有效教学）	（1）课堂环境量表（2）课堂视频编码

续表

组别	学校与教师					实验处理	数据采集
	HPL 小学						
	教师 1	教师 2	教师 1	教师 2			
控制组（73 人）（两班）		C1（35 人）		C2（38 人）		（1）物理环境（双屏、无线网、iPad） （2）教师惯用的教法	（1）课堂环境量表 （2）课堂视频编码

整个实验过程包含五个阶段：规划、准备、设计、实施、反思。

第一阶段是规划阶段，2012 年北京市教育技术重点实验室受北京市政府委托，作为建设北京市政府为群众办的实事工程之一，负责北京市数字学校项目（BDS）。智慧学习环境是北京市数字学校项目的一个子课题，主要研究目标包括提出课堂环境的评测工具，建设智慧课堂环境，分析新型学习环境下学与教方式的变革等。在此规划的基础上，本着自由申报和择优入选的原则，我们确定了 HPL 小学作为实验学校，项目组课题负责人和学校负责人签署了合作框架，保障项目的顺利开展和实施。随后，笔者作为子课题负责人，与实验学校的相关教师共同制定了研究目标，明确了研究任务，规定了研究进度，以及可能面临的各种困难及解决方案，为本研究的顺利实施打下坚实基础。

第二个阶段是准备阶段，主要包含两个方面内容，其一是实验班教室物理环境的装备，主要从资源获取、内容呈现方面对课堂物理环境进行配置，包括无线 WiFi 环境的建设，教师和每个学生配备一个手持学习设备（iPad），支持学生和教师及时互动的 iTeach 平台，基于 iPad 的数字化学习资源，支持无线投影的 Apple TV，分别呈现不同内容的双屏环境等。其二是为实验班教师配备一位教学支持人员（Site Facilitator）协助教师进行针对数字一代学习者的教学设计和辅助教师熟悉基本的技术操作。为实验班的学生配备一位技术支持人员对学生进行前期的技术培训和解决学生在课堂中出现的技术难题。

第三阶段是设计阶段，主要是根据数字一代学习者的学习偏好，在有效教学理念的指导下，协助实验班的教师在新的课堂物理环境下对每节课进行有针对性的教学设计，包含教学过程、教学活动和教学资源设计三个方面。鼓励教师和学生一起计划如何在小组内展开活动，对从一个活动转到另一个活动进行精细化设计；帮助学生把课堂的知识与其家庭和社会的生活建立联系，并鼓励学生在课外的实际生活中使用所学知识；教师经常与学生小组会话；有一个清晰的会话目标；确保所有学生都参与到会话中；认真地倾听并评价学生的理解水平；在会话过程中，运用提问、复述、赞扬、鼓励等措施帮助学生学习。如图 5—3 所示，TELC 课堂的教学流程和 TC 课堂的教学流程设计比较。在 TELC 课堂内教师增加了学生自主活动的时间，强调学生的个体探究和协同工作，减少了教师讲授的时间，更多时间用于辅助学生和根据学生提交的任务结果及时为学生提供个性化的支持。

第四个阶段为实施阶段，两位教师分别在控制组和实验组开展了教学活动，其中课堂上课过程被全程录制下来，控制组两个班级录制的课程详情如表 5—6 所示。课程视频使用课堂观察工具开展观察，使用编码工具对每节课的教学行为和学习行为分别进行了编码。

第五个阶段为反思阶段，学期即将结束之时，我们让实验组和对照组的学生分别填写了“课堂环境评测量表”。对搜集的问卷数据和课堂视频运用各种分析工具进行分析和比较，得出结论和建议。两种不同课堂环境的现场如图 5—4 所示。

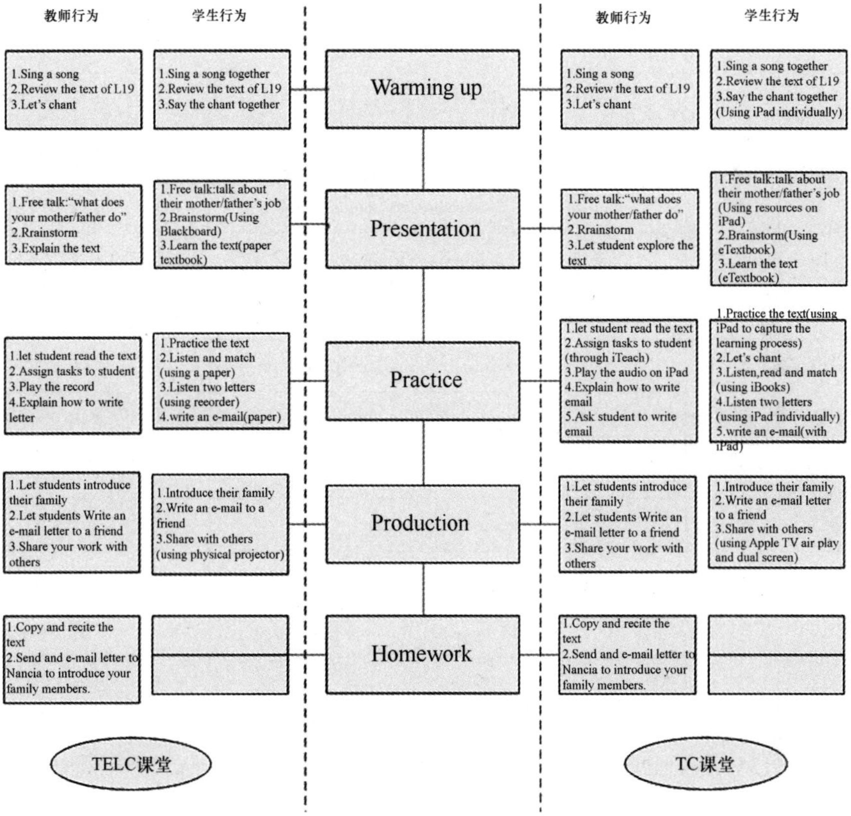

图 5—3　教学流程对比

表 5—6　**课程录制详情**

序号	学科	课时	班级	日期
1	英语	Unit 2 Lesson 1 Look at his yellow hair.	4.4	4 月 9 日
2	英语	Unit 2 Lesson 1 Look at his yellow hair.	4.5	4 月 10 日
3	英语	Unit 2 Lesson 2 He looks friendly.	4.4	4 月 11 日
4	英语	Unit 2 Lesson 2 He looks friendly.	4.5	4 月 11 日
5	英语	Unit 2 Lesson 3 Where are you from?	4.4	4 月 13 日
6	英语	Unit 2 Lesson 3 Where are you from?	4.5	4 月 14 日

续表

序号	学科	课时	班级	日期
7	英语	Unit 2 Lesson 4 Do you like music?	4.4	4月18日
8	英语	Unit 2 Lesson 4 Do you like music?	4.5	4月18日
9	英语	Unit 2 Lesson 5 Introduce a famous people	4.4	4月22日
10	英语	Unit 2 Lesson 5 Introduce a famous people	4.5	4月23日
11	英语	Unit 3 Lesson 1 Introduce my family member	4.4	5月2日
12	英语	Unit 3 Lesson 1 Introduce my family member	4.5	5月3日
13	英语	Unit 3 Lesson 2 Famlily TV show	4.4	5月7日
14	英语	Unit 3 Lesson 2 Famlily TV show	4.5	5月8日
15	英语	Unit 3 Lesson 3 People in the uniforms	4.4	5月9日
16	英语	Unit 3 Lesson 3 People in the uniforms	4.5	5月9日
17	英语	Unit 3 Lesson 4 Revision	4.4	5月10日
18	英语	Unit 3 Lesson 4 Revision	4.5	5月14日
19	英语	Unit 4 Lesson 1 What does your mather/father do	4.4	6月5日
20	英语	Unit 4 Lesson 1 What does your mather/father do	4.5	6月6日

图 5—4 TC 课堂现场（左）和 TELC 课堂现场（右）

三 研究工具

本研究主要采用问卷法和课堂观察法，对应的研究工具包括

"课堂环境评测量表"和"课堂行为编码工具"。"课堂环境评测量表"采用本研究自主开发的评测量表，该量表在第四章有详细论述，具有良好的信度和效度。"课堂行为编码工具"如表 5—7 所示，在本章第一节中有详细论述。

四　数据收集

（一）问卷数据搜集

本次共发放 143 份问卷，回收 143 份，其中有效问卷 134 份，有效率达到 93.70%，其中实验组 66 份，控制组 68 份。其中男生 74 人，女生 60 人。量表的整体一致性系数 Cronbach's Alpha 达到 0.971，各个维度的 Cronbach's Alpha 也均超过 0.75，再次验证了该量表具有很高的信度。结构效度和专家效度在第四章已经分析过，证明本量表具有良好的效度。

（二）视频数据搜集

我们选取实验组（TELC 课堂）24 节课的教学视频和控制组（TC 课堂）24 节课的教学视频，对课堂上教师的教学行为和学生的学习行为进行观察。根据如表 5—4 所示的"课堂行为编码工具"对课堂的教学行为和学习行为进行了编码和记录，记录的格式如表 5—7 所示。在正式对课程视频进行编码之前，为了让编码人员正确理解编码工具的各项指标和顺利使用该编码工具对课堂视频进行编码，保障编码的准确度，我们首先对两名编码人员进行了培训。在对视频进行编码的过程中，两名编码人员对同一课堂视频进行编码，如果出现分歧，研究者和编码人员共同分析，最终形成一个视频的编码。编码后把各种行为的时长加起来构成该维度和子项目的总时长。

表 5—7 课堂视频编码的记录格式

序号	开始时间	持续时间（秒）	课堂教学行为编码	课堂学习行为编码	备注
1	0：00：00	1	TT2		教师使用投影和阅读终端播放视频
2	0：00：01	5	TD7		教师提问学生
3	0：00：06	10		SD11	学生 A 回答问题
4	0：00：16	20		SC19	学生一起完成任务
……					

第三节 结果分析

一 学生对物理环境的感知

TELC 内课堂物理环境的改变主要从 SMATE 的五个维度，包括从资源接入维度增加了教室内无线网络的接入和给学生配备 1∶1 平板设备（iPad），从内容呈现维度使用双屏和无线投影，本研究并未对 TELC 的课堂管理维度和情景感知维度进行配置。

内容呈现维度独立样本 t 检验的结果如表 5—8 所示，显示在 TELC 课堂内和传统课堂内，学生对 S4 指标的感知有显著性差异（$t = -3.116$，$p < 0.01$），对 S5 指标的感知也有显著性差异（$t = -4.133$，$p < 0.01$）。这表明教室内配备的双屏环境和无线投影增强了学生的学习结果呈现，使学生在学习结果呈现方面显得更加方便和灵活；TELC 教室环境的技术配备改善了学生对教师使用技术呈现教学内容的体验，学生更乐于和愿意接受教师在课堂上使用技术。在 S1、S2 和 S3 三个指标上，学生在 TELC 课堂内和 TC 课堂内的感知没有显著性差异（$p > 0.05$），但三个指标的均值都略有提升，表明教室环境的装备对教学内容清晰呈现略有贡献，另外从均值的比较可见在声音清晰和呈现内容清晰性方面传统教室已经基本满足了学生的学习需求。

表 5—8　**内容呈现维度比较**

维度	指标	TELC（n=66）	TC（n=68）	独立样本 t 检验	
		Mean（S. D.）	Mean（S. D.）	t 值	Sig.（双侧）
内容呈现（S）	S1	4.71（0.799）	4.66（0.874）	0.348	0.729
	S2	4.58（0.860）	4.44（0.952）	0.858	0.393
	S3	4.56（0.879）	4.37（1.078）	1.134	0.259
	S4	4.38（1.147）	3.72（1.291）	3.116**	0.002
	S5	4.58（0.947）	3.71（1.446）	4.133**	0.000

注：** $p<0.01$。

资源获取维度独立样本 t 检验的结果如表 5—9 所示，TELC 课堂内和 TC 课堂内，学生对接入互联网 A1（$t=5.040$，$p<0.01$）、获取资源 A2（$t=4.982$，$p<0.01$）、分享资源 A3（$t=4.073$，$p<0.01$）三个方面的感知存在显著性差异。这表明教室内 1∶1 平板设备和无线网络环境的配置，让学生可以接入数字设备和互联网，会增强学生对资源获取和分享的满意度，这正是迎合了数字一代学习者在使用技术方面的需求。学生对教师轻松接入互联网 A4 的感知没有显著性差异，从均值可见在传统教室内教师已经能接入网络，但 TELC 的配置提高了教师接入互联网的水平；教师使用数字资源 A5 在 TELC 和 TC 内有显著性差异（$t=2.745$，$p<0.01$），表明在 TELC 课堂内教师使用数字资源的程度与 TC 课堂相比有明显提升。

表 5—9 **资源获取维度比较**

维度	指标	TELC（n=66）	TC（n=68）	独立样本 t 检验	
		Mean（S. D.）	Mean（S. D.）	t 值	Sig.（双侧）
资源获取（A）	A1	4.09（1.309）	2.74（1.776）	5.040**	0.000
	A2	4.23（1.174）	3.00（1.633）	4.982**	0.000
	A3	4.24（1.241）	3.24（1.603）	4.073**	0.000
	A4	4.36（1.132）	4.04（1.408）	1.445	0.151
	A5	4.38（1.004）	3.78（1.485）	2.745**	0.007

注：** $p<0.01$。

技术增强维度独立样本 t 检验的结果如表 5—10 所示，TELC 和 TC 课堂内，技术的应用使学生更容易理解相关知识 E2（$t=2.822$，$p<0.01$）、教师可以提供更多真实世界的现象 E3（$t=3.944$，$p<0.01$）、学生能以不同的方式解释概念 E4（$t=4.110$，$p<0.01$）、学生浏览课程内容的时间缩短 E5（$t=4.051$，$p<0.01$）四个方面，在 $p<0.01$ 上，存在显著性差异。这表明在 TELC 课堂内，学生对技术促进学习方面的体验更加积极，技术在促进相关内容的理解、提高课程内容学习效率和促进学生多维度思考等方面发挥了更大的作用；同时教师在 TELC 课堂内会提供更丰富的真实世界的现象，把教学与学生的生活联系起来。技术的应用使课堂内容更加丰富 E1 在 TELC 和 TC 课堂内，在 $p<0.05$ 上，有显著性差异。但在 TC 课堂内 E1 的均值已然大于 4，这表明在传统课堂内，学生已经认为技术的使用丰富了课堂内容，只是在 TELC 课堂内技术的丰富程度获得了显著性提升。

表 5—10　　技术增强维度比较

维度	指标	TELC（n=66）	TC（n=68）	独立样本 t 检验	
		Mean（S. D.）	Mean（S. D.）	t 值	Sig.（双侧）
技术增强（E）	E1	4.52（0.916）	4.07（1.342）	2.231 *	0.028
	E2	4.53（0.845）	3.97（1.393）	2.822 * *	0.006
	E3	4.59（0.822）	3.81（1.406）	3.944 * *	0.000
	E4	4.65（0.745）	3.90（1.306）	4.110 * *	0.000
	E5	4.47（1.011）	3.53（1.616）	4.051 * *	0.000

注：* $p<0.05$，** $p<0.01$。

通过以上分析可见，教室内配备的双屏显示和无线投影增强了学生对学习结果的呈现，提高了学生对教师使用技术手段呈现学习材料的认可程度，视听清晰性方面也有一定程度的改善。教室内配备的 1：1 平板设备和无线网络环境方便了学生获取学习资源和分享学习资源，适应了数字一代学习者的学习需求。因为教室内技术的配置，学生明显感受到了技术促进学习的优势，主要表现在更容易理解相关知识、浏览课程内容的时间缩短、教师可以提供更多真实世界的现象、学生能以不同的方式解释概念等。本研究只针对 SMATE 模型中的内容呈现（S）和资源获取（A）进行了配置，从调查结果可见，学生对课堂物理环境的改变比较满意，技术的配置适应了学习者的需求，提高了学生使用技术的积极性，增强了技术促进的学习，促进了学生积极和投入地学习。

二　学生对社会心理环境的感知

本研究主要依据第三章对数字一代学习者偏好的学习方式的研究成果，并从课堂有效教学的角度干预课堂社会心理环境，配备一位专业的指导教师对授课老师开展教学法和技术指导。师生共同参与创造性活动、把教学与学生的生活联系起来、通过对话进行教学三个方面是我们对授课教师的教学设计指导和修改的基本指导思想。

学生参与维度独立样本 t 检验的结果如表 5—11 所示，在 TELC 课堂和 TC 课堂内，我会积极发表意见 IN1（$t = 2.894$，$p < 0.01$）和我的想法或建议会引发课堂讨论 IN3（$t = 4.215$，$p < 0.01$），在 $p < 0.01$ 上，有显著性差异。这表明在 TELC 课堂内学生更加积极和投入，他们会经常主动发表自己的想法，而且他们的想法或建议更容易得到老师的肯定，从而引发课堂的积极讨论；但是即使在 TELC 课堂内，IN3 的均值也只有 3.92，这说明在 TELC 课堂内，学生个体的想法仍未得到充分的尊重，个性化教学在下一轮设计中需要加强。老师会问我问题 IN2 和我会向其他同学解释自己的想法 IN5，在 $p < 0.05$ 上，有显著性差异，表明在 TELC 课堂内教师对学生个体的关注程度和同学间的互助程度都有明显提升。学生会向老师问问题 IN4，在 TELC 和 TC 课堂内不存在显著性差异（在 $p > 0.05$），虽然 IN4 的均值在 TELC 内的略高，但也只有 3.89，所以下一轮教学设计需要在促进学生主动提问方面加强。

表 5—11　　学生参与维度比较

维度	指标	TELC（n = 66）	TC（n = 68）	独立样本 t 检验	
		Mean（S. D.）	Mean（S. D.）	t 值	Sig.（双侧）
学生参与（IN）	IN1	4.32（1.025）	3.72（1.348）	2.894**	0.004
	IN2	4.41（1.007）	3.96（1.343）	2.21*	0.029
	IN3	3.92（1.313）	2.88（1.503）	4.215**	0.000
	IN4	3.89（1.302）	3.45（1.407）	1.897	0.060
	IN5	4.11（1.204）	3.55（1.449）	2.395*	0.018

注：* $p < 0.05$，** $p < 0.01$。

课堂探究维度独立样本 t 检验的结果如表 5—12 所示，在 TELC 课堂和 TC 课堂内，课堂探究的五个指标，在 $p<0.01$ 上，均有显著性差异，且五个指标的均值在 TELC 课堂内都大于 4.3。这表明学生在 TELC 课堂内会用探究的方法来验证他们的想法、会对自己的结论提出证据、对讨论中产生的问题会用研究的方式找到答案、对自己疑惑的问题会用探究的方式找到答案、对老师提出的问题会用探究的方式找到答案。因此，相比 TC 课堂，TELC 课堂内学生对探究学习的感知水平明显提高。

表 5—12　　**课堂探究维度比较**

维度	指标	TELC（n=66）	TC（n=68）	独立样本 t 检验	
		Mean（S. D.）	Mean（S. D.）	t 值	Sig.（双侧）
课堂探究（IV）	IV1	4.35（0.969）	3.38（1.487）	4.470**	0.000
	IV2	4.41（0.960）	3.84（1.441）	2.705**	0.008
	IV3	4.33（1.028）	3.71（1.259）	3.165**	0.002
	IV4	4.38（1.019）	3.71（1.282）	3.368**	0.001
	IV5	4.38（1.034）	3.79（1.388）	2.770**	0.006

注：** $p<0.01$。

任务取向维度独立样本 t 检验的结果如表 5—13 所示，在 TELC 课堂和 TC 课堂内，学生对课堂学习目标的明确 TO2（$t=3.455$，$p<0.01$）、学生对需要完成任务的明确 TO3（$t=3.189$，$p<0.01$）、学生上课的用心程度 TO4（$t=2.797$，$p<0.01$）和设法理解老师所讲授内容的程度 TO5（$t=2.858$，$p<0$，01）四个指标，在 $p<0.01$ 上，有显著性差异，且在 TELC 内的均值都大于 4.5。这表明在 TELC 课堂内，学生的任务取向更加明晰，学生更加明确课堂学习目标和需要完成的任务、上课更加用心和努力。“我会尽

力完成被交代的任务” TO1 在 TELC 和 TC 课堂内没有显著性差异（$p > 0.05$），通过均值比较可见，TO1 在 TC 内均值已经达到了 4.46，可见在传统的课堂内学生都能尽力完成教师交代的任务，但在 TELC 课堂内有非显著性提升。

表 5—13 **任务取向维度比较**

维度	指标	TELC（n = 66）	TC（n = 68）	独立样本 t 检验	
		Mean（S. D.）	Mean（S. D.）	t 值	Sig.（双侧）
任务取向（TO）	TO1	4.61（0.839）	4.46（0.969）	0.958	0.340
	TO2	4.67（0.616）	4.11（1.165）	3.455**	0.001
	TO3	4.67（0.664）	4.15（1.162）	3.189**	0.002
	TO4	4.67（0.564）	4.21（1.213）	2.797**	0.006
	TO5	4.59（0.822）	4.07（1.238）	2.858**	0.005

注：** $p < 0.01$。

合作学习维度独立样本 t 检验的结果如表 5—14 所示，在 TELC 课堂和 TC 课堂内，和同学合作完成老师所布置的任务 CO1（$t = 4.217$，$p < 0.01$）、会和同学分享我搜集的图书和资料 CO2（$t = 4.345$，$p < 0.01$）、小组同学间能以团队方式合作 CO3（$t = 3.137$，$p < 0.01$）三个指标，在 $p < 0.01$ 上具有显著性差异。这表明在 TELC 课堂内合作学习的开展更能促进学生合作完成任务、分享学习资料和以团队的方式合作。从其他同学那里学到知识 CO4（$t = 2.498$，$p < 0.05$）和一起努力以完成学习目标 CO5 两个指标（$t = 2.498$，$p < 0.05$），在 $p < 0.05$ 上，有显著性差异，这表明在 TELC 课堂内学生的互相学习和共同完成目标的倾向，与 TC 课堂相比有显著性提升。

表 5—14　　合作学习维度比较

维度	指标	TELC（n=66）	TC（n=68）	独立样本 t 检验	
		Mean（S. D.）	Mean（S. D.）	t 值	Sig.（双侧）
合作学习（CO）	CO1	4.52（0.916）	3.63（1.455）	4.217**	0.000
	CO2	4.39（0.975）	3.40（1.613）	4.345**	0.000
	CO3	4.50（0.864）	3.88（1.366）	3.137**	0.002
	CO4	4.35（0.991）	3.84（1.367）	2.498*	0.014
	CO5	4.44（1.040）	3.90（1.394）	2.553*	0.012

注：* $p<0.05$，** $p<0.01$。

对 TELC 课堂和 TC 课堂内关于物理环境和社会心理环境的比较可见，在 TELC 内技术的配置增强了学生对教学内容呈现和学习资源获取的体验，学生更乐于和愿意接受教师在课堂上使用技术，技术对学生的学习和交流起到了良好的促进作用；与 TC 课堂相比，TELC 课堂内的合作学习和探究学习，在各个指标上都有显著提升。为了还原课堂的真实，深入研究课堂内学生的学习行为和教师的教学行为，以印证问卷分析的结果，我们对视频编码的数据使用 SPSS 21.0 进行了统计和分析。

三　学生学习行为

学生在课堂上的学习行为主要从学生个体学习和合作学习两个维度进行统计，个体学习包括接受信息、课堂练习、课本阅读、课本听读、分享作品等五个方面，合作学习包括学生讨论、课堂练习、角色扮演、资料搜集和分享作品等五个方面。

学生个体学习和合作学习总时长的均值（单位为分钟）和独立样本 t 检验的结果如表 5—15 所示，在 TELC 课堂内和 TC 课堂内学生的个体学习行为和合作学习行为均有显著性差异。

学生个体学习的行为和学生合作学习的行为在TELC课堂内明显增加。这进一步印证了问卷中合作学习的分析结果，据此可以得出结论，在TELC课堂内学生的合作学习和自主学习行为得到了增强，学生对于课堂内合作学习和自主学习的体验显得更为积极。

表5—15　　学生学习行为比较

维度	TELC（n=24）	TC（n=24）	独立样本t检验	
	Mean（S.D.）	Mean（S.D.）	t值	Sig.（双侧）
学生个体学习	8.893（0.871）	7.167（1.411）	5.098**	0.000
学生合作学习	11.070（1.613）	7.158（1.961）	7.481**	0.000

注：** $p<0.01$。

为进一步明确学习行为变化的方式，我们对合作学习行为和个体学习行为的具体项目进行了分析。合作学习行为各分项目在TELC和TC课堂内的独立样本t检验结果如表5—16所示，学生讨论（$t=2.969$，$p<0.01$）、资料搜集（$t=2.937$，$p<0.01$）和分享作品（$t=5.671$，$p<0.01$）的时长在两类课堂内有显著性差异。在TELC课堂内，以上三个项目的时长均有显著增加，这说明课堂内学生能有更多的时间参与讨论、搜集资料和与同伴分享作品，这也印证了量表中合作学习维度的分析结果。课堂练习和角色扮演都没有显著性差异（$p>0.05$），前者行为时长略有增加，后者行为时长略有减少。关于合作学习行为的分析可见，在TELC课堂内学生的学习方式正在发生变化，从单一的学习方式向多样化发展，从接受信息向主动建构知识，分享作品发展；从个体学习向小组合作学习发生转变。

表 5—16　　合作学习行为比较

维度	项目	TELC（n=24）	TC（n=24）	独立样本 t 检验	
		Mean（S. D.）	Mean（S. D.）	t 值	Sig.（双侧）
学生合作学习	学生讨论	2.414（1.422）	1.314（1.088）	2.969**	0.005
	课堂练习	3.003（1.249）	2.850（1.450）	0.392	0.697
	角色扮演	1.921（1.556）	1.972（1.489）	-0.116	0.908
	资料收集	1.359（2.267）	0.000（0.000）	2.937**	0.007
	分享作品	2.237（0.692）	1.038（0.922）	5.671**	0.000

注：** $p<0.01$。

个体学习行为各分项目在 TELC 和 TC 课堂内的独立样本 t 检验结果如表 5—17 所示，分享作品（$t=3.940$，$p<0.01$）和课本听读（$t=4.893$，$p<0.01$）的时长在两类课堂上具有显著性差异，这说明在 TELC 课堂内学生个体学习和分享个体学习成果的行为有显著增加，平板设备上的电子教材使学生有机会自主开展听读练习；课堂练习和课本阅读的时长在两类课堂上没有显著性差异，前者略有减少，后者略有增长。

表 5—17　　个体学习行为比较

维度	项目	TELC（n=24）	TC（n=24）	独立样本 t 检验	
		Mean（S. D.）	Mean（S. D.）	t 值	Sig.（双侧）
学生个体学习	分享作品	2.268（0.762）	1.285（0.955）	3.940**	0.000
	课堂练习	2.690（1.326）	3.320（1.504）	-1.539	0.131
	课本阅读	2.634（1.556）	2.562（1.359）	0.225	0.823
	课本听读	1.301（1.317）	0.000（0.000）	4.893**	0.000

注：** $p<0.01$。

合作学习和自主学习在 TELC 课堂内得到了显著增强，学生的讨论、分享个人或集体作品、资料搜集、课本听读等行为时长明显增加，这一方面因为教室内技术配置的改变，一方面得益于教师课堂教学法的改善。

四 教师教学行为

教师的教学行为和学生的学习行为相呼应，能从侧面反映学生课堂的真实学习情况，因此我们对教师的课堂教学行为进行了统计和分析。教学行为在 TELC 和 TC 课堂内的独立样本 t 检验结果如表 5—18 所示，教师的呈示行为在两类课堂内有显著性差异（$t = 9.929$，$p < 0.01$），在 TELC 课堂内教师的呈示行为显著减少；教师的指导行为在两类课堂内有显著性差异（$t = 7.099$，$p < 0.01$），在 TELC 内教师的指导行为明显增加；教师的对话行为在两类课堂上有显著性差异（$t = 2.455$，$p < 0.05$），在 TELC 内教师的对话行为有显著性减少。教师行为的总时间，TELC 课堂比 TC 课堂显著减少（$t = 8.682$，$p < 0.01$），从侧面进一步说明学生行为时间的显著增加，这进一步说明 TELC 课堂内学生自主和合作学习得到了显著增强。

表 5—18　　教学行为比较

维度	TELC（n = 24）	TC（n = 24）	独立样本 t 检验	
	Mean（S. D.）	Mean（S. D.）	t 值	Sig.（双侧）
呈示	6.070（0.744）	10.468（2.038）	−9.929**	0.000
指导	2.750（0.631）	1.566（0.518）	7.099**	0.000
对话	12.416（0.757）	13.170（1.299）	−2.455*	0.018
总时长	21.235（1.057）	25.204（1.974）	−8.682**	0.000

注：* $p < 0.05$，** $p < 0.01$。

学生学习行为和教师教学行为的分析验证了课堂环境评测量表的分析结果，即在 TELC 课堂内学生学习的主动性和合作性得到了更好发挥，教师在课堂上的角色逐步转变为指导者和合作者。

第四节 总结与讨论

本研究的设计基于这样一个基本逻辑，根据数字一代学习者偏好的学习特征，提出建设支持合作学习的“强交互”型TELC的需求；之后根据课堂物理环境的SMATE模型，选择适合的维度和指标对教室环境进行改造；在此基础上，对教师每次课的教学设计提供专业化的修改意见和技术辅导，以便增强课堂教学效果，优化课堂心理环境。这种逻辑和第四章提出的通过评估进行课堂环境改善的逻辑并列，是课堂环境设计和优化的两个基本逻辑。本研究借鉴“TRC改变的理论”，首先，对教室环境进行了技术配置，针对“强交互”型TELC，从教学内容呈现、资源获取两个方面入手，分别配置了双屏显示和无线投影、1∶1平板设备和无线网络；其次，在TELC课堂内，为授课教师配备一位教学指导人员，负责对教师的教学设计进行修改并培训教师熟练使用课堂内配置的新技术；最后，当教师在课堂内开展技术促进的教学时，学生对技术使用的反馈更为积极，教学效果得到了明显的增强，学生对于课堂内自主和合作学习的体验获得明显提升。

一 课堂物理环境配置

著名心理学家勒温认为一个人的行为是个体与其周围环境相互作用的结果，环境对人的决定和行为有重要的支撑作用，包括物理环境和心理环境。课堂物理环境和社会心理环境对学生的学习有重要的支持作用。不同类型的课堂物理环境支持不同类型的学习方式，因此课堂物理环境的搭建必须首先考虑支持的学习方式，本研究重点对支持协作学习的“强交互”型TELC进行了配置和实验，实验结果揭示了如下几条对课堂物理环境建设有启发意义的重要结论。

传统课堂内学生对获取和分享数字资源的满意度最低，说明传统课堂对学生获取和分享数字资源的支持最为薄弱，这与数字一代学习者喜欢使用技术的特征格格不入，因此提升课堂内学生获取资源和分享数字资源的水平势在必行。研究结果表明网络接入和数字设备的配置能有效提升学生对课堂上资源获取和分享的满意度，能为教师开展灵活多样的学习活动创造条件，能在资源获取方面支持学生主动探究和合作学习。

传统课堂内学生对教学内容呈现的感受已经基本达到满意和舒适的程度，但在学习结果的呈现和对教师使用 PPT 的态度两个方面明显需要增强。对于合作学习的开展，学习结果的呈现和分享至关重要，因此有必要提升课堂内学生学习结果呈现和分享的灵活性和便捷性。课堂内的双屏显示和无线投影能增强学习结果的呈现能力，显著提升学习者对课堂内学习结果呈现的感知，明显提高了学生对教师使用技术的认可程度。

传统课堂内，学生对于技术增强学习已经有一定的体验，但体验的均值在 4 分以下，说明这种体验并不够轻松和舒适；但在 TELC 课堂内学生对于技术增强学习的体验均值基本维持在 4.5 分左右，说明学生在 TELC 课堂内对于技术增强学习的感知得到了有效促进。物理环境的配置和教学法的搭配是这种感知发生的决定性因素。

总之，课堂物理环境的配置对提升学习者的学习体验有重要的促进作用，尤其对于数字一代学习者而言，课堂内的无线接入和数字设备的配置应该是必备要素，这对自主探究和合作学习的开展具有重要的支撑作用。学生在 TELC 课堂个体学习行为时间和合作学习行为时间的同时增长，从行动上说明了这种技术配置的支撑作用。双屏显示和无线投影的配置，作为增强课堂教学内容呈现的方式，能提升学习者的视听体验，显著提高学习者对学习结果分享和教师技术使用的满意度，同时学生在个体学习和小组学习中分享作品时间都有所增加，也从另一个侧面证实了双屏显示和无线投影对作品分享的积极支持。以上只分析了 SMATE 课堂物理环境模型的三个维度，其余两个维度在本研究中尚未涉及，相信在后续的研究中按照 SMATE 的五个要素设计的“强交互”型 TELC 将会进一步提升学生的学习体验，从而提高课堂学习的效率和效果。

二　社会心理环境改善

课堂社会心理环境和教师的教学方式息息相关，本研究基于数字一代学习者偏好的学习方式，从学习材料、内容序列、教师角色、学习结果和评价方式五个方面，对任课教师的课前备课进行指导；同时结合有效教学的理念，从师生共同参与创造性活动、把教学与学生的生活联系起来、通过对话进行教学三方面入手设计课堂学习活动，目标是减少教师讲授的时间，增加学生自主活动的时间，强调学生的个体探究和协同工作，将更多时间用于辅助学生和根据学生提交的任务结果及时为学生提供个性化的支持。

在传统课堂内，学生的课堂参与度不高，不经常主动发表想法，发表的想法也很难引起老师的重点关注；探究学习的意识不强，主动探究的行为较少；学生不经常合作完成老师所布置的任务，分享图书资料以及团队方式合作的机会较少；但学生的任务取向的程度较高，学生能尽力完成老师交代的任务，学生上课比较用心，对学习目标和任务比较明确。

在经过教学指导的 TELC 课堂内学生会更加积极和投入，他们会经常主动发表自己的想法，而且他们的想法或建议更容易得到老师的肯定，从而引发课堂的积极讨论；学生对探究学习的感知水平明显提升，探究学习的行为有显著增加；学生的任务取向更加明晰，学生更加明确课堂学习目标和需要完成的任务、上课更加用心和努力；合作学习的开展更能促进学生合作完成任务、分享学习资料和以团队的方式合作。

综合学生个体学习行为和合作学习行为的分析，我们发现TELC的课堂正在朝着新课改所倡导的自主、探究和合作的方向迈进。这得益于课堂物理环境和课堂教学法共同作用的结果，而且教学法的配合显得至关重要。因此提升课堂心理环境需要根据物理环境的技术配置设计相应的教学法，教学法需要与课堂的技术环境相互配合，以便发挥教学法和技术的双重优势。为教师配备指导人员（Site Facilitator）是保证教学法匹配的前提，而且指导人员必须具备教育和技术的双重背景，需要对相关教学法和技术的使用非常熟练。

传统课堂的功能是教学的场所，教室内的座位布局是为了促进教师的教，计算机和投影的配置是为了方便和增强教师的教学内容呈现。这种课堂物理环境配置的方式是为“传递—接受”教学模式量身定做的，反映了工业化的生产模式，隐含着传统行为主义观点的假设。TELC课堂的功能则是学习的场所，教室内的座位布局是为了促进学生的学，教室内的技术配置则是以学生为中心，必须考虑数字一代学习者偏好的学习方式，如用技术、喜交互、重体验、结构化、连接式等。综上，以学生学习作为课堂的功能，以学生为中心考虑课堂的物理配置，以数字一代学习者偏好的学习方式引导课堂教学法，是课堂环境优化和改善的指导原则。

第六章

研究总结

第一节　研究成果及结论

众多先前研究表明，课堂环境对学生的发展和学业成绩的提升有重要的预测和支持作用，优越的课堂环境往往能培养出优秀的学生。随着时代的发展，今天的课堂环境融入了很多技术元素，然而当下的“计算机+投影”模式的课堂环境存在一些问题，难以适应数字一代学习者的需求。基于此，本书面向数字一代学习者开展课堂环境研究，主要从数字一代学习者偏好的学习方式、技术促进学习的课堂环境评测、TELC 与 TC 课堂环境的对比实验三个方面层层递进，获得了丰富而有意义的研究结论。

第一，关于数字一代学习者偏好的学习方式。通过梳理相关文献，发现国际上关于数字一代学习者论战的实质是宏观和微观研究视角的差异，为深入了解数字一代学习者，研究需要走宏观和微观并重的路线；通过对北京市中小学生学习方式的调查，发现当代学生的课堂学习方式存在多元化趋势，互联网正逐渐成为课堂上支持教学的重要工具，学生在不同课堂上的自学和讨论时间差距很大等；通过 DL 和 nDL 的对比，发现 DL 对技术的依赖性更强，更喜欢合作的学习方式，验证了数字学习者“用技术”和“喜交互”的特征；焦点小组访谈发现了新型学习方式和传统学习方式在学习材料、内容序列、教学法、师生角色、评价方式和学习结果六个方面的差异。

第二，关于技术促进学习的课堂环境评测。通过调查分析和专家咨询，抽取内容呈现（S）、环境管理（M）、资源获取（A）、情景感知（T）和技术增强（E）作为考察课堂物理环境的五个指标，提出SMATE课堂物理环境模型；借鉴WIHIC量表，把教师支持（TS）、学生参与（IN）、课堂探究（IV）、任务取向（TO）和合作学习（CO）作为考察课堂心理环境的五个指标。基于以上指标，编制技术促进学习的课堂环境量表CEES，信度和效度验证的结果表明，该量表真实可靠。根据在SDFZ学校调查的结果，有针对性地提出了课堂环境优化的方案，并用雷达图清晰准确地表明了课堂环境的警戒区、正常运行区和最优化体验区三种状态；同时从SMATE模型的五个维度描述了“高清晰”“强交互”和“深体验”三种典型技术促进学习的课堂环境的特征。

第三，TELC和TC课堂环境的对比实验。根据课堂物理环境的SMATE模型，并根据HPL学校的实际条件，重点从资源获取和内容呈现两个方面装备“强交互”型TELC课堂，配备了无线网络、1∶1数字设备、双屏显示和无线投影。为授课教师配备一位指导老师，负责对授课教师的教学设计和技术使用进行指导。从对课堂物理环境、社会心理环境与教师教学行为、学生学习行为的分析可见：（1）网络接入和1∶1数字设备的配置能有效提升学生对课堂上资源获取和分享的满意度，能为教师开展灵活多样的学习活动创造条件，能有效支持学生主动探究和合作学习；（2）双屏显示和无线投影能增强学习结果的呈现能力，显著提升学习者对课堂内呈现学习结果的感知，明显提高了学生对教师使用技术的认可程度；（3）提升课堂心理环境需要根据物理环境的技术配置设计相应的教学法，教学法需要与课堂的技术环境相互配合，以便发挥教学法和技术的双重优势；（4）以学生学习作为课堂的功能，以学生为中心考虑课堂的物理配置，以数字一代学习者偏好的学习方式引导课堂教学法，是优化课堂环境的指导原则。

第二节　研究的创新之处

课堂环境不同于教室环境和课堂气氛，是物理环境和社会心理环境的综合，然而当前关于课堂环境的研究经常只研究一个方面，而忽视了另一个方面：在心理学领域的研究常常用量表对课堂的社会心理环境进行测量，在建筑学领域的研究则关注课堂物理环境的建筑学要素，教育学领域的研究往往关注教室教育功能的发挥。本书采取课堂物理环境和社会心理环境相结合的方法，综合考虑技术促进学习的各种要素，从物理环境和社会心理环境相互作用的视角，提出技术促进学习的课堂环境评测指标。此乃创新之一，视角创新。

2001 年新课程改革就提出要变革学生的学习方式，倡导自主、探究和合作的新型学习方式，然而众多研究者指出当前课堂的学习方式仍旧沿袭着教师讲授、学生听讲的传统模式。本书从数字一代学习者偏好的学习方式入手，有针对性地配置适应不同学习方式的课堂环境，并通过对教师的一对一指导，开展与课堂环境相匹配的教学，从而推动课堂学习方式的改变。这种倒推的方式是本书的创新之二，过程创新。

其三在研究方法上也具有一定的创新，三个环环相扣的研究分别采用了不同的研究方法；TELC 和 TC 课堂对比实验中，综合使用了调查法和课堂行为编码的方法，深度剖析学生的态度和具体行为，增强了研究结论的可信性。

第三节 不足之处及后续研究

创新是不断发展的动力，但创新很难一步到位，难免存在瑕疵和不足。本书在视角和过程创新方面，尽管取得了一些成果，但由于时间和客观条件的限制，恐怕还存在一些缺憾，主要表现在以下两个方面。

第一，在技术促进学习的课堂环境评测量表编制过程中，样本量只有289份，尽管达到了测量的基本要求，但是大样本会呈现更好的结果。在TELC和TC课堂环境的对比实验中，我们只在HPL学校的两个实验班和两个对比班中开展了实验，如果能在两所学校间分别开展实验班和对比班的研究，则研究结论更有普适性。

第二，在TELC和TC课堂环境的对比实验中，我们在配置“强交互”型TELC课堂物理环境时，只涉及了SMATE框架模型的内容呈现（S）、资源获取（A）和技术增强（E）三个维度，环境管理（M）和情景感知（T）在本书中暂未涉及。另外“高清晰”型和“深体验”型TELC课堂环境没有通过本书进行设计和验证。

后续将开展以下研究工作：

第一，增加课堂环境评测量表的样本量，同时根据调查结果，继续完善量表，并建立常模；扩大TELC和TC课堂环境实验的规模，在不同地区和不同类型的学校开展实验，完善三种典型TELC课堂的物理环境设计方案和配套的教学法指导方案。

第二，开展跨文化比较研究，通过国际合作，把本书中的逻辑和方案运用于发达国家的课堂环境构建，进一步验证和完善本书提出的课堂环境评测量表，同时比较数字一代学习者学习偏好、课堂物理环境和社会心理环境的差异，以使本书的结论能够有更大范围的适用性。

附　　录

附录1　学习方式调查问卷（节选）

注：此问卷是“北京市教育科学‘十一五’规划重大课题组”的“北京市学生网络生活方式调查表”的一部分。

1. 你有哪些课程是在计算机教室（机房）中学习的：（　　）

A. 信息技术课程　　B. 主科课程

C. 副科课程　　D. 活动实践课

2. 在机房上课时，自己独立操作的时间通常为：（　　）

A. 10 分钟以下　　B. 10—20 分钟

C. 20—30 分钟　　D. 30 分钟以上

3. 在课堂上，你自学和讨论的时间通常为：（　　）

A. 10 分钟以下　　B. 10—20 分钟

C. 20—30 分钟　　D. 30 分钟以上

4. 你课前预习的情况：（　　）

A. 经常预习　　B. 偶尔预习

C. 老师要求时才预习　　D. 从不预习

5. 你完成作业的情况：（　　）

A. 独立完成　　B. 需要家长督促才能完成

C. 需要辅导才能完成　　D. 完不成

6. 对于你在班级的排名情况：（　　）

A. 你不在意，父母在意　　B. 你在意，父母不在意

C. 都在意　　D. 无排名，或都不在意

7. 你的考试结果与考前预期：（　　）

A. 基本一致　　B. 预期偏高

C. 预期偏低　　D. 从不预期

8. 除学校老师外，对你学习帮助最大的人：（　　）

A. 同学或同龄朋友　　B. 父母

C. 保姆或家教老师　　D. 祖父母或外祖父母等

9. 你的课外知识主要来源于：（　　）（多选题）

A. 互联网　　B. 广播、电视

C. 图书、报纸杂志　　D. 课外实践活动

10. 网络对你的学习有哪些帮助：（　　）（多选题）

A. 获取学习资源　　B. 扩大知识面

C. 参与讨论交流　　D. 不知道

11. 网络对你的学习有哪些不利影响：（　　）（多选题）

A. 分散学习注意力　　B. 减少睡眠时间

C. 学习成绩下降　　D. 不知道

12. 你利用网络进行学习时遇到的困难是：（　　）（多选题）

A. 网络操作技能不够熟练

B. 自我约束力不强，容易走神

C. 网络学习资源呆板、无趣

D. 遇到问题不知道向谁求助

13. 哪些课程布置需要网络完成的作业：（　　）（多选题）

A. 信息技术课程　　B. 主科课程

C. 副科课程　　D. 活动实践课

……

附录 2　课堂物理环境调查问卷(节选)

一　基本信息

1. 年龄:(　　)

A. 20—25 岁　　B. 26—30 岁　　C. 31—35 岁　　D. 35 岁以上

2. 教龄:(　　)

A. 1—3 年　　B. 4—5 年　　C. 6—10 年　　D. 10 年以上

3. 学历:(　　)

A. 专科　　B. 本科　　C. 硕士　　D. 博士　　E. 其他

4. 职称:(　　)

A. 特级教师　　B. 高级教师　　C. 一级教师　　D. 二级教师　　E. 三级教师

5. 所教学科:______________________

6. 所教年级:(　　)

A. 小学 1、2、3 年级　　B. 小学 4、5、6 年级　　C. 初中　　D. 高中

7. 学校名称:______________________

8. 学校所在地区:________市________县(区)

9. 所在学校类型:(　　)

A. 省重点　　B. 市重点　　C. 城镇学校　　D. 乡村学校

……

二　调查问卷

12. 您觉得在您的课堂教学过程中投影屏幕上的 PPT 课件对学

生是否清晰可见？（　　）

A. 是

B. 否，投影仪的分辨率不够高

C. 否，投影屏幕比较小

D. 否，PPT 的质量不高（字体颜色、大小、布局等不合适）

E. 否，教室内灯光设计不合理

F. 否，其他（__________________）

14. 您觉得在课堂教学过程中后排的学生是否能清晰看到投影屏幕的内容？（　　）

A. 很清晰　　B. 比较清晰　　C. 一般　　D. 不清晰　　E. 很不清晰

……

24. 您在课堂教学过程中，是否根据教学需要调整座位布局？（　　）

A. 是，经常这么做

B. 是，但感觉操作困难

C. 否，但觉得有必要

D. 否，无此必要

25. 您在教学过程中，通常采用何种座位布局？（　　）

A. 秧苗式

B. U 形

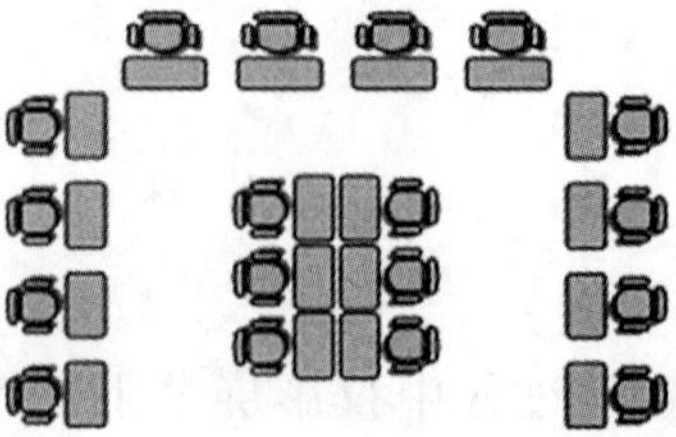

C. O形 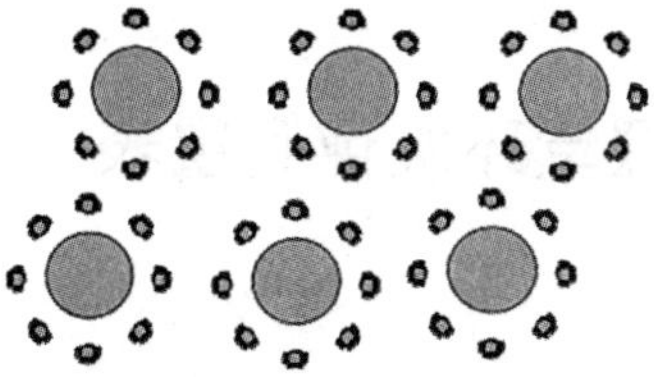。

……

34. 在课堂教学过程中，您一般采用何种方式接入互联网？(　　)

A. 有线　　B. 无线　　C. 不能接入

……

50. 课堂上技术的使用使学生和教师讨论的机会增多（　　）

A. 很符合　　B. 比较符合　　C. 一般　　D. 不符合　　E. 很不符合

51. 课堂上技术使用使学生和同伴讨论的机会增多（　　）

A. 很符合　　B. 比较符合　　C. 一般　　D. 不符合　　E. 很不符合

……

55. 您觉得对学习行为的分析应该从以下哪些方面进行？(　　)

A. 认真听讲的时间　　B. 参与活动的时间

C. 自主学习的时间　　D. 开小差的时间

E. 其他（请注明______________________________）

……

附录3 课堂环境评测量表

亲爱的同学：

感谢你接受本次调查！为了解课堂学习环境，我们编制了本问卷。本份问卷没有标准答案，请认真回答，你的分享对老师们的教学会有很大帮助。

本问卷的回答方式基本上是采用选择答案的方式填写，只要在相应的答案上画“√”就可以了。

“信息化带动学校现代化”课题组

一 基本信息

1. 学校：______________________

2. 班级：□小学 □初中 □高中________年级________班，班内人数：________

3. 性别：□男 □女

4. 年龄：______________________

5. 请勾选你所在教室配置的基本信息：□教师计算机，□学生计算机，□多媒体控制台，□投影，□黑板，□液晶电视，□音箱，□交互式电子白板，□学生平板电脑

二 课堂环境调查

内容呈现 在课堂上	从来 没有	很少 发生	偶尔 发生	经常 发生	总是 如此
1. 我能清晰地听到老师的讲课声音	1	2	3	4	5
2. 我能清晰地听到班里同学回答问题的声音	1	2	3	4	5
3. 我能清晰地看到投影屏幕上的内容	1	2	3	4	5
4. 我能方便地把学习成果呈现给老师和全班同学	1	2	3	4	5
5. 我喜欢老师使用 PPT（PowerPoint）的形式上课	1	2	3	4	5
课堂管理 在课堂上	从来 没有	很少 发生	偶尔 发生	经常 发生	总是 如此
6. 教室座位布局能满足我合作和探究的需求	1	2	3	4	5
7. 我认为讲台在教室中的位置合理	1	2	3	4	5
8. 我认为黑板和投影的安装位置合理	1	2	3	4	5
9. 老师会用技术手段给我们分发学习材料	1	2	3	4	5
10. 老师会注意到我的学习行为	1	2	3	4	5
资源获取 在课堂上	从来 没有	很少 发生	偶尔 发生	经常 发生	总是 如此
11. 我能轻松接入因特网	1	2	3	4	5
12. 我能获取各种数字资源	1	2	3	4	5
13. 我能与同伴分享我的资源	1	2	3	4	5
14. 老师能轻松接入因特网	1	2	3	4	5
15. 老师使用多种数字资源	1	2	3	4	5
情景感知 在课堂上	从来 没有	很少 发生	偶尔 发生	经常 发生	总是 如此
16. 教室内光线充足，适合阅读	1	2	3	4	5
17. 教室内光线柔和，看投影屏幕的内容很清晰	1	2	3	4	5
18. 教室内一年四季温度适中，学习舒适	1	2	3	4	5
19. 教室内很少听到噪音	1	2	3	4	5
20. 教室内空气清新	1	2	3	4	5

续表

教师支持 在课堂上	从来没有	很少发生	偶尔发生	经常发生	总是如此
21. 老师会关心我的学习	1	2	3	4	5
22. 老师会留意我的感受	1	2	3	4	5
23. 当我有问题时老师会帮助我	1	2	3	4	5
24. 老师会走到我的座位前和我讨论问题	1	2	3	4	5
25. 老师所问的问题有助于我对知识的理解	1	2	3	4	5
学生参与 在课堂上	从来没有	很少发生	偶尔发生	经常发生	总是如此
26. 我会发表我的想法	1	2	3	4	5
27. 老师会提问我问题	1	2	3	4	5
28. 我的想法或建议会引发课堂讨论	1	2	3	4	5
29. 我曾向老师问问题	1	2	3	4	5
30. 我会向其他同学解释我的想法	1	2	3	4	5
课堂探究 在课堂上	从来没有	很少发生	偶尔发生	经常发生	总是如此
31. 我用探究的方法来验证我的想法	1	2	3	4	5
32. 我会对自己的结论提出证据	1	2	3	4	5
33. 对讨论中产生的问题，我会用研究方式来找出答案	1	2	3	4	5
34. 对自己疑惑的问题，我会用探究的方法来找寻答案	1	2	3	4	5
35. 对老师所提的问题，我会用探究的方法来找出答案	1	2	3	4	5
任务取向 在课堂上	从来没有	很少发生	偶尔发生	经常发生	总是如此
36. 我会尽力完成被交代的任务	1	2	3	4	5
37. 我知道这一节课的学习目标	1	2	3	4	5
38. 我知道自己所要完成的任务	1	2	3	4	5
39. 我在上课时很用心	1	2	3	4	5
40. 我设法理解老师所讲授的内容	1	2	3	4	5

续表

合作学习 在课堂上	从来 没有	很少 发生	偶尔 发生	经常 发生	总是 如此
41. 我会和同学合作完成老师所布置的任务	1	2	3	4	5
42. 完成任务时，我会和同学分享我搜集的图书和资料	1	2	3	4	5
43. 当我在小组活动时，同学间能以团队方式合作	1	2	3	4	5
44. 我能从其他同学那里学到知识	1	2	3	4	5
45. 同学们经常和我一起努力以完成学习目标	1	2	3	4	5
技术增强 在课堂上，因为技术的使用，使得	从来 没有	很少 发生	偶尔 发生	经常 发生	总是 如此
46. 课程内容更加丰富	1	2	3	4	5
47. 我能更容易理解相关知识	1	2	3	4	5
48. 教师提供更多真实世界的现象	1	2	3	4	5
49. 我能以不同的方式解释概念	1	2	3	4	5
50. 浏览课程内容的时间缩短	1	2	3	4	5

参考文献

中文文献：

丁晓丽、廖文斌：《新疆南疆少数民族高中学生科学学习方式现状调查》，《喀什师范学院学报》2008 年第 3 期。

丁锐、黄毅英、林智中等：《小学数学课堂环境与学习成果的关系》，《教育研究与实验》2009 年第 1 期。

王春华：《以交互式电子白板技术实现课堂教学信息化》，《山东师范大学学报》（自然科学版）2006 年第 1 期。

王敏勤：《天津市部分中小学生学习方式现状调查》，《天津市教科院学报》2006 年第 2 期。

王鉴：《学习方式的变革：从知识重心到学生本位》，《当代教育论坛》2003 年第 12 期。

王鉴：《课堂研究引论》，《教育研究》2003 年第 6 期。

孔企平：《论学习方式的转变》，《全球教育展望》2001 年第 8 期。

田友谊：《国外课堂环境研究新进展》，《上海教育科研》2003 年第 12 期。

庄思筠、赖阿福、冯清皇：《数位化未来教室之探讨》，《国教新知》2011 年第 58 卷第一期。

刘丽艳、马云鹏、刘永兵：《亚洲课堂环境研究进展与启示》，《东北师大学报（哲学社会科学版）》2010 年第 3 期。
孙汉银:《课堂环境研究范式的回顾与分析》,《教育科学》2010 年第 3 期。
孙智昌、郑葳、卿素兰等:《中小学生学习方式的现状分析与对策建议》,《课程·教材·教法》2011 年第 8 期。
李芒、李仲秋、黄建荣:《网络探究式学习的心理学习环境设计》,《中国电化教育》2003 年第 7 期。
李芒:《技术与学习：论信息化学习方式》，科学出版社 2007 年版。
李秉德、李定仁:《教学论》，人民教育出版社 1991 年版。
李秉德:《对于教学论的回顾与前瞻》,《华东师范大学学报（教科版)》1989 年第 3 期。
杨满福、林雯:《论高校多媒体课堂教学的质量困境与出路》,《电化教育研究》2009 年第 10 期。
吴国丽:《关于未来课堂的思考》，《上海教育科研》2001 年第 3 期。
吴康宁:《教育社会学》，人民教育出版社 1957 年版。
辛自强、俞国良:《教师互动问卷中文版的初步修订及应用》,《心理科学》2000 年第 23 卷第 4 期。
张引:《西方课堂气氛研究评述》，《外国教育研究》1989 年第 1 期。
张际平、陈卫东:《教学之主阵地：未来课堂研究》,《现代教育技术》2010 年第 10 期。
张德厚:《创造多元学习环境“未来教室”提升师生互动》，2010 年 10 月 20 日（http：//tw. news. yahoo. com/article/url/d/a/100216/1/20mga. html ）。
陆根书、杨兆芳:《学习环境与学生发展研究述评》,《比较教育研究》2008 年第 7 期。

陈卫东、张际平：《未来课堂的定位与特性研究》，《电化教育研究》2010 年第 7 期。

陈长胜、刘三女牙、汪虹等：《基于双重编码理论的双轨教学模式》，《中国教育信息化》2011 年第 3 期。

陈向东、高山、蒋中望：《现代教室结构的形成及其对未来课堂的启示》，《现代教育技术》2012 年第 2 期。

陈琦、刘儒德：《当代教育心理学》，北京师范大学出版社 1997 年版。

陈琦：《学生学习方式的差异与因材施教》，《北京师范大学学报》1989 年第 1 期。

武法提：《基于 WEB 的学习环境设计》，《电化教育研究》2000 年第 4 期。

范春林、董奇：《课堂环境研究的现状、意义及趋势》，《比较教育研究》2005 年第 8 期。

屈智勇：《国外课堂环境研究的发展概况》，《外国教育研究》2002 年第 7 期。

柳梅挺：《多媒体教学中存在的问题与对策》，《当代经济》2009 年第 17 期。

钟启泉：《新课程改革与学生个性化学习》，《教育探究》2011 年第 2 期。

施良方、崔允漷、上海市教育委员会：《教学理论：课堂教学的原理，策略与研究》，华东师范大学出版社 1999 年版。

施君兰：《全球第一所“未来学校”——中仑高中圆了比尔盖兹的梦》，《天下杂志》2005 年第 326 期。

祝智庭：《中国教育信息化十年》，《中国电化教育》2011 年第 1 期。

顾小清、林仕丽、汪月：《理解与应对：千禧年学习者的数字土著特征及其学习技术吁求》，《现代远程教育研究》2012 年第 1 期。

教育部：《教育信息化十年发展规划（2011—2020 年）》，2012 年 03 月 13 日（http：//www. moe. gov. cn/publicfiles/business/htmlfiles/moe/s3342/201203/133322. html）。

教育部基础教育司：《走进新课程——与课程实施者对话》，北京师范大学出版社 2002 年版。

黄荣怀、杨俊锋、胡永斌：《从数字学习环境到智慧学习环境——学习环境的变革与趋势》，《开放教育研究》2012 年第 1 期。

黄荣怀、陈庚、张进宝等：《关于技术促进学习的五定律》，《开放教育研究》2010 年第 1 期。

黄荣怀、陈庚、张进宝等：《论信息化学习方式及其数字资源形态》，《现代远程教育研究》2010 年第 6 期。

黄荣怀、胡永斌、杨俊锋等：《智慧教室的概念及特征》，《开放教育研究》2012 年第 2 期。

黄荣怀：《教育信息化助力当前教育变革：机遇与挑战》，《中国电化教育》2011 年第 1 期。

黄荣怀：《基础教育信息化的核心价值：创新与变革》，《中国教育信息化》2008 年第 20 期。

谢翌、徐锦莉：《教室环境：一种被忽视的课程——课程开发视野中的教室环境布置》，《教育理论与实践》2008 年第 31 期。

蔡万玲：《新课改下高中化学课程学习方式现状的调查与思考》，《伊犁师范学院学报》（自然科学版）2010 年第 2 期。

廖哲勋、田慧生：《课程新论》，教育科学出版社 2003 年版。

英文文献：

A. SandraK & G. L. Norman, *Handbook of Research on Science Education*, London: Taylor & Francis, 2007.

A. Wedin, "Classroom Interaction: Potential or Problem? The Case of Karagwe", *International Journal of Educational Development*, Vol. 30, 2010.

A. Whiteside, D. C. Brooks & J. D. Walker, "Making the Case for Space: Three Years of Empirical Research on Formal and Informal Learning Environments", *EDUCAUSE Quarterly*, Vol. 33, No. 3, 2010.

A. Wigfield, J. Eccles & D. Rodriguez, "The Development of Children's Motivation in School Contexts", *Review of Research in Education*, Vol. 23, 1998.

B. J. Fraser, "Science Learning Environments: Assessment, Effects and Determinants", In B. J. Fraser & K. G. Tobin (eds.), *The International Handbook of Science Education*, Dordrecht, The Netherlands: Kluwer.

B. J. Fraser, *Classroom Environment*, London: Croom Helm, 1986.

B. Trilling & P. Hood, "Learning, Technology, and Education Reform in the Knowledge Age or We're Wired, Webbed, and Windowed, Now What?", *Educational Technology*, Vol. 39, No. 3, 1999.

B. Yeats, "Factors That May Influence the Postural Health of Schoolchildren (K-12)", *Work*, Vol .9, No. 1, 1997.

B. G. Wilson, "Metaphors for Instruction: Why We Talk about Learning Environments", *Educational Technology*, Vol. 35, 1995.

B. J. Fraser, "Learning Environments Research: Yesterday, Today and Tomorrow", *Studies in Educational Learning Environments: An International Perspective*, 2002.

C. Brown & L. Czerniewicz, "Debunking the "Digital Native": Beyond Digital Apartheid, towards Digital Democracy", *Journal of Computer*

Assisted Learning, Vol. 26, No. 5, 2010.

C. Carmean & J. Haefner, "Mind over Matter: Transforming Course Management Systems into Effective Learning environments", *Educause Review*, Vol. 37, No. 6.

C. Jones, "A New Ggeneration of Learners? The Net Generation and Digital Natives", *Learning, Media and Technology*, Vol. 35, No. 4, 2010.

C. Jones, "The New Shape of the Student", In R. Huang & J. M. Spector (eds.), Reshaping Learning SE –4, 2013.

C. E. Loughlin & J. S. Suina, *The Learning Environment: An Instructional Strategy*, New York: Teachers College Press, 1982.

D. B. Zandvliet & B. J. Fraser, "Physical and Psychosocial Environments Associated with Networked Classrooms", *Learning Environments Research*, Vol. 8, No. 1, 2005.

D. Hopkins, *A Teacher's Guide to Classroom Research*, Philadelphia: Open University Press, 2002.

D. Oblinger, "Boomers, Gen-Xers and Millennials: Understanding the New Students", *Educause Review*, Vol. 38, No. 4, 2003.

D. Radcliffe, "A Pedagogy-Space-Technology (PST) Framework for Designing and Evaluating Learning Places", In Next Generation Learning Spaces Colloquium, 2008.

D. Tapscott, "Educating the Net Generation", *Education Leadership*, Vol. 56, No. 5, 1999.

D. Tapscott, *Growing Up Digital: The Rise of the Net Generation*, New York: McGraw-Hill, 1998.

D. Tapscott, *Grown Up Digital: How the Net Generation is Changing Your World*, New York: McGraw-Hill, 2009.

E. C. Wragg, *An Introduction to Classroom Observation* (2nd edition), London: Routledge, 1999.

F. Pedró, "New Millennium Learners in Higher Education: Evidence and Policy Implications", Centre for Educational Research and Innovation (CERI), 2009.

H. Pashler, M. McDaniel, D. Rohrer & R. Bjork, "Learning Styles: Concepts and Evidence", *Psychological Science in the Public Interest*, Vol. 9, No. 3, 2008.

H. A. Murray, *Explorations in Personality*, NY: Oxford University Press, 1938.

H. J. Walberg & G. J. Anderson, "Classroom Climate and Individual Learning", *Journal of Educational Psychology*, Vol. 59, 1968.

J. Aldridge & B. J. Fraser, "A Cross-cultural Study of Classroom Learning Environments in Australia and Taiwan", *Learning Environments Research*, Vol. 3, 2000.

J. C. Nunnally, *Psychmetric Theory*, NY: McGraw-Hill, 1978.

J. Perkins, "Enabling 21st century Learning Spaces: Practical Interpretations of the MCEETYA Learning Spaces Framework at Bounty Boulevard State School", *QUICK*, Vol. 116, 2010.

J. Sánchez, A. Salinas, D. Contreras & E. Meyer, "Does the New Digital Generation of Learners Exist? A Qualitative Study", *British Journal of Educational Technology*, Vol. 42, No. 4, 2011.

J. M. Sinagub, S. Vaughn & J. S. Schumm, *Focus Group Interviews in Education and Psychology*, Sage Publications Incorporated, 1996.

K. Fisher, "Linking Pedagogy and Space", Retrieved October 17, 2011, from http://www.eduweb.vic.gov.au/edulibrary/public/assetman/bf/Linking_ Pedagogy_ and_ Space. pdf.

K. Lewin, "Field Theory and Experiment in Social Psychology: Concepts and Methods", *American Journal of Sociology*, Vol. 44, No. 6, 1939.

L. Corrin, S. Bennett & L. Lockyer, "Digital Natives: Exploring the Diversity of Young People's Experience with Technology", In R. Huang & J. M. Spector (eds.), Reshaping Learning SE – 5, Springer Berlin Heidelberg, 2013.

L. S. Shulman, "Those Who Understand: Knowledge Growth in Teaching", *Educational Researcher*, Vol. 15, No. 2, 1986.

L. S. Vygotsky, *Mind in Society: The Development of Higher Psychological Processes*, Cambridge, MA: Harvard University Press, 1978.

M. McCaslin & T. L. Good, The Informal Curriculum, In D. C. Berliner & R. C. Calfee (eds.), *Handbook of Educational Psychology*, New York: Macmillanpp, 1996.

M. Ault & C. Niileksela, "Technology Rich Classrooms: Effect of the Kansas Model", 2009, Retrieved September 24, 2013 (http://api.ning.com/files/OBMXUvNCc94Oox8RduGJs3zF7Pp67bKvG-IS0zauCl7kDVcfhUrrhO7Pl – 2oM8G5edytcrqN4rw3NRUmex * j-s8t4 – EyxX0u/TRC_ EffectOfTheKansasModel_ NECC2009.pdf).

M. Brown, "Learning Spaces", In D. G. Oblinger & J. L. Oblinger (eds.)", "Educating the Net Generation", 2005, EDUCAUSE, Retrieved August 18, 2012 (http://www.educause.edu/educatingthenetgen/).

M. D. Milliron, "A New Generation of Learning: What's up, What's in Store & What's at Stake", *Conference on Information Technology*, 2006.

M. Lui, M. Tissenbaum & J. SlottaScripting, "Collaborative Learning in

Smart Classrooms: Towards Building Knowledge Communities", In CSCL, 2011, Retrieved from http://surfacelearning.org/uploads/29/LuiTissenbaumSlotta_ CSCL2011Proceedings.pdf.

M. Monaco & M. Martin, "The Millennial Student: A New Generation of Learners", *Athletic Training Education Journal*, Vol. 2, No. 2, 2007.

M. Prensky, "Digital Natives, digital Immigrants, part 2: do They Really Think Differently?", *Horizon*, Vol. 9, No. 6, 2001.

M. Prensky, "Digital Natives, Digital Immigrants", *On the Horizon*, Vol. 9, No. 5, 2001.

M. Prensky, Teaching Digital Natives: Partnering for Real Learning, London: Sage Publishers, 2010.

M. Tissenbaum, M. Lui & J. Slotta, "Co-designing Collaborative Smart classroom Curriculum for Secondary School Science", *Journal of Universal Computer Science*, Vol. 18, No. 3, 2012. Retrieved from http://jucs.org/jucs_ 18_ 3/co_ designing_ collaborative_ smart/jucs_ 18_ 03_ 0327_ 0352_ tissenbaum.pdf.

M. S. Spurgeon, H. L. William & S. Dornbusch, "Plugged In To Comfort", *American School and University*, Vol. 71, No. 1, 1998.

N. Bevan, "International Standards for Usability Should be more Widely Used", *Journal of Usability Studies*, Vol. 4, No. 3, 2009.

N. Flanders, "Analyzing Teacher Behavior", Addison-Wesley: Reading, Mass, 1970.

N. Howe & B. Strauss, *Millennials Rising: The Next Great Generation*, New York: Vintage Books, 2000.

N. Howe & W. Strauss, "Generations: The History of America's Future, 1584 to 2069", *Harper Collins*, 1992.

N. Howe & W. Strauss, Generations: The History of America's Future, New York: Quill.

N. Selwyn, "The Digital Native—Myth and Reality", *Aslib Proceedings: New Information Perspectives*, Vol. 61, No. 4, 2009.

P. Mishra & M. J. Koehler, "Technological Pedagogical Content Knowledge: A Framework for Integrating Technology in Teachers' Knowledge", *Teachers College Record*, Vol. 108, No. 6, 2006.

P. Norton & K. M. Wiburg, "Teaching with Technology: Designing Opportunities for Learning", Canada: Queensland Government, "Technology, Architecture and Furniture", Retrieved October 17, 2011, from http: //www. learningplace. com. au/sc/transform.

R. A. Berk, "Teaching Strategies for the Net Generation", *Transformative Dialogues: Teaching & Learning Journal*, Vol. 3, No. 2, 2009.

R. Beichner, J. Saul, D. Abbott, J. Morse, D. Deardorff, R. Allain, et al, "Student-Centered Activities for Large Enrollment Undergraduate Programs (SCALE-UP) Project", In E. Redish & P. Cooney (eds), College Park: Research-based Reform of University Physics.

R. C. Chavez, "The Use of High-inference Measures to Study Classroom Climates: A Review", *Review of Educational Research*, Vol. 54, 1984.

R. C. Doll, *Curriculum Improvement: Decision Making and Process*, Boston: Allyn and Bacon, 1995.

R. H. Moos, "Systems for the Assessment and Classification of Human Environments: An Overview", In R. H. Moos & P. M. Insel (eds.), *Issues in Social Ecology: Human Milieus*, Palo Alto, CA: National Press Books, 1974.

R. Junco & J. Mastrodicasa, *Connecting to the Net, Generation: What*

Higher Education Professionals Need to Know about Today's Students, NASPA Inc. National Association of Student Personnel Administrators, 2007.

R. P. Bagozzi & Y. Yi, "On the Evaluation of Structural Equation Models", *Academic of Marketing Science*, Vol. 16, No. 1, 1988.

R. Schulmeister, "Is there A Net Gener in the House? Dispelling A Mystification", *E-Learning & Education*, Vol. 4, No. 5, 2008, Retrieved September 24, 2013 from http: //eleed. campussource. de/archive/5/1587.

R. H. Moos, *The Social Climate Scales: An Overview*, Palo Alto, CA: Consulting Psychologists Press, 1974.

S. Bennett & K. Maton, "Beyond the 'Digital Natives' Debate: Towards a more Nuanced Understanding of Students' Technology Experiences", *Journal of Computer Assisted Learning*, Vol. 26, No. 5, 2010.

S. Bennett, K. Maton & L. Kervin, "The Digital Natives, Debate: A Critical Review of the Evidence", *British Journal of Educational Technology*, Vol. 39, No. 5, 2008.

S. Higgins, E. Hall, K. Wall, P. Woolner & C. McCaughey, "The Impact of School Environments: A Literature Review", commissioned by the Design Council, 2005.

S. Tan, L. Lee & D. Hall, "CIPP as a Model for Evaluating Learning Spaces", 2010, Retrieved September 22, 2012, from http: //www. swinburne. edu. au/spl/learningspacesproject/outcomes/files/SUT_ Theoretical_ Framework. pdf.

T. Freidman, *The World is Flat*, New York: Farrar, Straus and Giroux, 2005.

T. Judd & G. Kennedy, "Measurement and Evidence of Computer-based Task Switching and Multitasking by 'Net Generation' Students", *Computers & Education*, Vol. 56, No. 3.

T. Judd, "Making Sense of Multitasking: Key Behaviours", *Computers & Education*, Vol. 63, 2013.

T. W. Chan, J. Roschelle, S. Hsi, Kinshuk, M. Sharples, T. Brown, C. Patton, J. Cherniavsky, R. Pea, C. Norris, E. Soloway, N. Balacheff, M. Scardamalia, P. Dillenbourg, C. K. Looi, M. Milrad, & U. Hoppe, "One-to-one Technology-enhanced Learning: An Opportunity for Global Research Collaboration", *Research and Practice in Technology Enhanced Learning*, Vol. 1, No. 1, 2006.

T. Wagner, "Rigor Redefined", *Educational Leadership*, Vol. 66, No. 2, 2008.

V. Rubtsov & A. Margolis, "Activity-Oriented Models of Information-Based Instructional Environments (S. T. KerTrans)", In S. T. Kerr (ed.), *Technology and the Future of Schooling*, Vol. 95, Part II, 1996.

W. Cole, S. Steptoe & S. S. Dale, "The Multitasking Generation", *Time*, Vol. 167, No. 13, 2006.

Y. Dori & J. Belcher, "How does Technology-enabled Active Learning Affect Undergraduate Students' Understanding of Electromagnetism Concepts?", *The Journal of the Learning Sciences*, Vol. 14, 2005.

Y. Dori, J. Belcher, M. Besette, M. Danziger, A. McKinney & E. Hult, "Technology for Active Learning", *Materials Today*, Vol. 6, 2003.

后　记

自踏入教育技术行业至今，算来已有十余载。从一开始对教育技术的懵懵懂懂，到读硕士、博士、博士后，逐渐理解教育技术的作用和价值。如果简单说，教育技术就是在教育和教学过程中使用技术，包括宏观的教育信息化和微观的教学信息化。随着技术与教育的日益融合，我们看到了教育技术行业的逐渐兴旺，同时也见证了教育技术专业的日益萎缩。这既是我们面临的严峻挑战，也为我们教育技术人提供了良好的机遇。唯有积极实践，踏实研究，振兴学科，服务行业。

以前，我们经常借鉴发达国家的经验，因为发达国家确实在很多方面对我们的研究和实践有着很多有益的参考；而今，据著者个人对当前国际技术促进教育研究的了解，至少在教育信息化方面，国内已经有了很多值得发达国家借鉴的研究和实践。教育技术人需在借鉴国际经验的同时，也把本土的经验介绍到国外，供更多人受益。本人参与的“Lecture Notes in Educational Technology”丛书，便体现了这一思想。国际学术合作和交流，非常重要的一个基础就是研究方法。为了更好地推广我们的经验，本土的研究就需要借鉴国际的研究范式。

本书正是在对国际上的学习环境、智慧教室、学习空间等领域的相关研究进行深入分析的基础上，遵循科学的研究范式，对数字一代学生和智慧教室的问题开展了前期的探索，基于在一线学校的具体实践，提出了些许关于智慧教室建设和评价的观点，供研究者和实践者参考。由于本人知识水平有限，书中错漏之处在所难免，望同行专家批评指正。

本书的撰写得到了很多国际专家和国内专家的帮助，在此表示感谢！是你们的指导才使得本书顺利成文。同时也感谢父母与妻女的支持！你们是我学习和工作的动力源泉。

著者，于杭州

2017 年 8 月 11 日